说话的艺术

张口就能吸引人　句句说到心坎里

韩云朋◎著

天津出版传媒集团

天津人民出版社

图书在版编目（CIP）数据

说话的艺术 / 韩云朋著. — 天津 : 天津人民出版
社, 2018.5

ISBN 978-7-201-12763-7

Ⅰ.①说… Ⅱ.①韩… Ⅲ.①语言艺术—通俗读物
Ⅳ.①H019-49

中国版本图书馆CIP数据核字（2017）第308307号

说话的艺术
SHUOHUA DE YISHU

出　　版	天津人民出版社
出 版 人	黄　沛
地　　址	天津市和平区西康路35号康岳大厦
邮政编码	300051
邮购电话	（022）23332469
网　　址	http://www.tjrmcbs.com
电子信箱	tjrmcbs@126.com

责任编辑	陈　烨
选题策划	郑新新
特约编辑	5biao
封面设计	任燕飞

制版印刷	北京华创印务有限公司
经　　销	新华书店
开　　本	880×1230毫米 1/32
印　　张	8
字　　数	110千字
版次印次	2018年5月第1版 2018年5月第1次印刷
定　　价	38.00元

序
Preface

我曾是个很内向的人。

内向，仿佛是身边的亲人、朋友，乃至我们整个社会共有的性格。

我们从小就被教育"沉默是金"，更深深懂得"祸从口出"的道理，我们认为口才好是"油腔滑调"，并对"能言善辩"之人嗤之以鼻。

在传递信息时，我们讲究"含蓄婉约，话到嘴边留半句"。在抒发情感时，我们拒绝明达显白，安慰自己"心照不宣，我心里有就可以"。

不知经历了多少次沟通障碍，以及由此引发的利益冲突与情感纠葛后，我才发现：过往的执念是多么的自欺欺人。

很多时候，当我们不敢或不能去做好一件事时，我们总会本能地安慰自己：我不是不敢、不能，我仅仅是不想。

打破了这个"骗局"后，我开始尝试沟通，重视说话，更加主动地与人交流，并重新认识表达。

这带给了我不知多少甜头与惊喜。的确，当真真切切地感受到沟通为你带来的福报后，相信你也会由衷地叹一声：语言，真是人类最伟大的发明！

有时候，看似简单的一句话，就能够让那些重要的人更懂你；

有时候，看似简单的一句话，就能够前所未有地展现出你的心意与诚意；

有时候，看似简单的一句话，就能够缓解一段僵持不下、让人头疼的人际关系；

有时候，看似简单的一句话，就能够让你与同事、老板、合作伙伴乃至企业间达成利益共赢。

那些看似简单的句子背后蕴藏着"交往科学"的大学问，它们不仅不简单，且足够重要，它们甚至能够帮你挽回事业、友谊、爱人和家庭。是的，那些简单句子的力量，足以扭转你复杂的人生格局。

在这本书中，我想与你聊的正是一个关于"说话"

的话题。诚然，话谁都会说，但说好说糟，却有着云泥的差距。

在这本书中，我想传递给你的不是一些零散的技巧以及一些左右逢源的小聪明。如果说这本书是一种沟通方法论，那么它是有体系的；如果说这本书中的案例让你会心一笑，觉得亲近又具体，那么我希望能够带你去发现隐藏在这一个个案例背后的关于沟通、交往、人际关系的客观规律。

从今天起，不把说话当小事；从今天起，将语言的力量发挥得淋漓尽致，让你的话真正代表你的心。

目录
CONTENTS

目录
CONTENTS

目录
CONTENTS

目录
CONTENTS

目录
CONTENTS

CHAPTER

01

第一章
沟通理念篇

第一节
长大后，我们需要再学一次"说话"

空气无色、无味又无形，我们须臾离不开它，却感受不到它的存在。若有一天它开始减少，想必我们一定会深刻地体会到它的重要性。说话，也是如此。

语言是人类最基本的沟通工具，但仔细想想，呱呱坠地后的我们，是如何逐步掌握如此重要的工具的呢？恐怕多半是因耳濡目染。我们从牙牙学语起，基本上就是靠朦胧的感知来把握语言，周围的人们发出什么样的声音，我们就跟着学成什么样，即便到了受正规教育的阶段，也很少有人苛求我们表达的精准度。于是，跟着习惯来，跟着感觉走，表达变得粗浅而模糊。

人是社会性动物，需要与同类建构社会关系，因此，交流成为第一必要手段。但当我们真正沟通起来却发现，通往相互理解的道路上荆棘密布，障碍重重。我们不禁困惑："怎么就没人理解呢？找个灵魂伴侣竟然这么难！"

一、说话不是一件小事

首先要带领大家走出的第一个误区就是：说话，并不是一件小事。小时候，我们在他人眼里都是孩子，没人会在意我们说什么，说得怎么样，是否在意了他人的感受，等等。童言无忌，少不更事，是我们语出伤人的第一道挡箭牌。但是，如果到了二十多岁，长大成人的你仍口无遮拦，说话不经大脑，那么等待你的不仅是他人的鄙视，更有可能伴随着亲情的淡漠和爱人的疏离。还在相信什么"刀子嘴豆腐心""不理解我的人懒得解释，真正理解我的人不需要解释"这类一厢情愿的逻辑吗？别再天真了。

不管你信或不信，我都要很遗憾地告诉你，无论你自我感觉多么良好，在他人眼中，你说什么样的话，就是什么样的人。尤其在当今社会，生活节奏快，人与人之间的关系基本上都是浅社交。每个人的时间和精力都很宝贵，你凭什么要求别人透过你毒舌般的言语体悟到你那颗金子般的心?

　　人从幼稚走向成熟的第一个标志就是懂得彼此理解和相互尊重,我们不光要拿这条来要求别人,自己在快人快语时也要考虑他人的感受。而且,不光是与萍水相逢的人交流要如此,与挚友、亲人交流也应当如此。有人可能会说:"跟他们客气什么呢?我是当他们是自己人才口无遮拦的。"那么请问:"你既然把他们当自己人,珍视为自己的一部分,怎么可以不顾他们的感受,不对他们表示出尊重呢?你难道不尊重自己吗?你要是不尊重自己,如何奢求别人尊重你?"这样我们就会明白,为什么在公共场合要尊重伴侣了,因为我们在传达着这样的信息:我,爱他/她;我,尊重我自己。

二、好好说话是一种能力

　　在生活和工作中,我们经常会抱怨别人不理解自己。然而退一步想,我们真的把自己的意思表达清楚了吗?可能很多人相信这个世界上有一些东西是根本无法用语言表达的。我也曾经相信这一点。但如今我意识到,很多时候其实只是因为我们没有找到合适的语言。这就是为什么有的时候我们需要借助别人的语言来表达自己的想法——有时候看到一句话,会突然觉得那是我们长久以来想说却说不出来的。

你可能会觉得，说话而已，谁都会嘛，哪有那么复杂？但事实上真的没有那么简单，这也是为什么用人单位在招聘时都要考量应聘者的语言表达能力的原因。拿看起来最简单的人群分类——男女——举例，请看下图：

这是我读研期间与同学一起做的一个小课题，研究对象是两性关系，原创了这个男女沟通时的模式图。通过此图你就会发现，看似单纯的二元沟通过程中，有太多的因素在影响制约着我们的沟通质量。所以，锤炼自己的语言，更加准确地表达自己的意图便显得格外重要了，因为这是我们唯一能控制的可变因素。

而从现实的角度考虑，一个人能够好好说话，对自己的想法予以充分而清晰地表达，会让他获益良多。有一位在剑桥大学攻读教育学博士的中国留学生曾写过一篇文章——《你以为我在剑桥读经典，其实我不过是学会说话》。文中写道：

> 语言能力决定发展潜力。在所有这些人中，有一位作家是我非常敬重的，和他接触的过程中我学到很多东西。我注意到，他在描述东西的时候都会说得非常准确，很少用代词，很少有歧义。而且，无论你把写的论文交给他或是和他进行交谈时，他都会对你语言表达的准确性严加要求。这样的学习经历是我之前没有过的，平时即便有人说你写得不清楚，也基本不告诉你为什么不清楚，哪里不清楚，怎样才能更清楚。能给出这样的反馈，需要的不只是耐心，更重要的是有足够强的表达力和解释力。
>
> 一个会使用语言的人，一个能够准确掌握大量词汇的人，就有能力说出别人说不出来的话。这样的能力，会让人在日常生活和工作中，在人与人的交流中，掌握很多的主动权。

认真准确地做到自我表达有多重要？美国著名学者克林肯博格曾就此在《纽约时报》刊文，在文章末尾他说："没有人找得到一种为这种能力定价的方法……

但每一个拥有它的人——不论如何、何时获得——都知道，这是一种稀有而珍贵的财富。"所以，请你为了他人，也为了自己，重视说话，准确表达。

三、想获得理解，先拿出诚意

见过不少不道德的男士，动不动以"和她没有共同语言，她无法理解我"等毫不负责任的理由甩掉女友。他们最缺乏的基本认知前提就是："想要获得理解，首先得拿出足够的诚意。"在传播学中，关于人际传播，经常被讨论的课题就是如何减少信息传播中的信息丢失，减少人与人沟通中的繁杂冗余。而得出的方法其实很简单，却又是被实践证明非常有效的手段：继续沟通，更多、更充分、更深入地沟通。你知道世界上没有两片完全相同的树叶，你就更应该懂得交换想法、求同存异，加倍拿出耐心与诚意去了解你另一半的道理。有一位读者朋友私信给我，说他很苦恼，自己写的文章明明觉得还不错，可投稿无数次，每天恨不得投七八篇，就是入不了网站编辑的法眼。我叫他把他觉得还不错的稿子发到我邮箱。他一口气发了10篇。我点开一看，立即将邮件退回。告诉他，如果我是编辑，也会退回他的稿子。

为什么呢？这位自以为很行的"大作家"，连最基本的排版都懒得排，全文一张图片都没有，段落划分莫名其妙，标点符号乱用一气，错字连篇……我没看三分之一就瞧不下去了。我说："编辑不是给你打工的，我们都得为读者负责，你连个排版的诚意都没有，凭什么要让你的文章上网站首页？"

坐享其成都是幼稚的美梦，没有任何付出，拿不出任何诚意，单方面要求别人尊重你、理解你、懂你……绝无可能。工作如此，爱情亦然。

四、爱她，就把最重要的真心话说给她听

最后，关于表达，我还想提醒大家一点，那就是：伤人的话不能说，鼓励的话经常说。爱一个人，无非就是把最重要的真心话说给她听。

伤人的话不能说。太多情侣吵架时为了守住尊严最后的防线，拼命地否定对方的存在价值，说别人如何如何，自己比对方好得多之类的话。在这里提醒大家，在争吵过程中，你可以歇斯底里，甚至可以满嘴粗口，但万万不可触及的红线是：从根本上否定对方存在的价值。红线一旦被践踏，一切就都失去了意义，就真的没有携手终老的可能了。

身边的朋友在选择目标对象时有时会让我做个参考，看看两人合不合适。这是别人的终身大事，我不敢瞎说什么，但有一条我一直坚持，并且屡试不爽：首先要考虑一下两人分别是什么人格类型的人。这里分为两种：一种是自卑型，一种是自信型。自卑并非贬义，每个人多多少少都有，但一个自卑型人格占主导的人，往往自尊心很强，你和他相处时需要多考虑一些。如果两人都是自信型那不用多说，两个人胸怀坦荡荡，幸福去吧。如果两人一个自卑型一个自信型，也蛮好，自信的一方无须从另一方那里获取太多存在感，吵架也可以先低头。但是，如果两人自尊心都很强，很敏感，但还想一直走下去，那么在相处时就要谨言慎行了。

鼓励的话经常说。这里就反映出一些中西文化上的差异，因为我们传统的表达爱意的习惯是含蓄委婉的，甚至会走向极端，觉得那三个字沉重得不行，10年也不肯说一回。在此推荐你看一篇文章——《所谓恩爱，就是好好说话》。我们这里讲的爱与鼓励的话，并非是空洞高大的海誓山盟，而是细水长流的温馨私语。年轻的我们在爱情中会经历三个认知阶段。第一个阶段的我们爱听甜言蜜语，觉得山无棱天地合轰轰烈烈才算爱情。第二个阶段，我们爱过，痛过，受过伤，流过泪，觉得自己过了耳听爱情的年纪，便不再在这方面付出分毫，一切以行动为标尺，从此告别诉衷肠。然而以上都太绝对了，我们终究要走向第三个阶段——在平凡又温暖的日子里，我与你并肩前行，无论昨晚是风雪交加还是狂风暴雨，每天早晨醒来，你都会吻着我的额头，不厌其烦地说着："我爱你。"

总之，无论是对待学习、工作还是生活，无论是经营亲情、友情还是爱情，都请你保持一份耐性。这不是一场比赛，不存在"认真了，你就输了"的情形。成熟的你终究会发现：好好说话，认真表达，会让自己的生活焕然一新。

第二节
我不关心你说什么，我在乎你怎么说

自从上大学以来到现在，我妈每次给我打电话，在聊完家常以后都会向我抱怨一通，说我爸最近又如何如何用他那狂风暴雨般激烈的言辞伤害到了她。

我爸犟脾气，说起话来蛮横又刁钻，而且话语的锋利程度随着年龄的增长几乎达到吹毛立断的境界。但凡他话一出口，甭管好坏，几乎没有不得罪人的时候。

都说家人之间能做到彼此体谅，能越过现象看本质，能理解包容你的刺，但多年以来我发现，我们很多人都有点儿过于高估人的心理过滤能力了。

就拿我爸来说，他很能干，不论对家人还是对外人都足够好，但即便是和他最亲近的人，在遭受他的话语冲击时还是招架不住，而且，真的会很不高兴。

其实这也不难理解，因为人与人的沟通交流都是瞬间发生的事，不论理论上有什么现象和本质的区别，但落实到现实的一堆一块、一分一秒里，说话与听话基本就是个传递—反馈的应变反应。你说话的语气如何，人家基本就会判断你的意思如何，甚至是你这个人怎样，毕竟是瞬息的事，谁有那么多耐心每听你说一句话就替你走一遍心路历程呢？

更值得我们注意的是：同样一句话，同样的内容，用什么样的语气和语调来表达，起到的效果有时甚至截然相反。

两个小朋友吵架，你让一个给另一个道歉，只听他说："好啦，对不起啦，我错了行了吧，给你道歉。"

内容是道歉，语调却阴阳怪气，你头脑中瞬间做出的反馈是：这个道歉没诚意。

为什么情侣之间发短信容易发着发着就产生冲突，更有甚者会吵得不可开交，连分手都说得出口，而面对面沟通效果就不一样呢？就是因为表达的内容虽然前后一致，但前者让人判断不清表达者的语调和语气，后者让人一下子就能准确捕捉到表达者的情绪信息，这样两人就不至于产生误解和冲突。

根据调查研究显示，在我们日常生活的沟通表达中，话语内容所给人的印象和信息量只占总体的7%；语气和语调，说话的方式与神情，其所能传递的情感比重高达38%；剩下的55%，则是被面部表情、肢体动作、穿着打扮或环境气氛等元素"瓜分"。由此可见，你如何去说，远比你说的是什么重要得多了。

而且，经常被我们忽略掉的一个现象是：当你说话的语气与你表达的具体内容完全不吻合时，听者会根据你的语气和语调来确定你的情绪反应，而不是根据你表达的具体话语内容。

这就是我们常说的，听话听音儿。所以说，如果你不注意表达方式，一味相信内容为王，往往容易招致谈话对象出乎意料的剧烈反应。

举个例子。我有两个朋友，都是血气方刚的性格类型：一个是标准的血气方刚，一个是加强升级版的血气方刚。在旁人的印象中，这一类型的人都有个特点，就是不拘小节，对一些需要拿捏的细节性的东西有点儿不屑和鄙夷。按理说，这样的两个人脾气相投，碰到一起应该相处得不错。

有一天，他俩终于认识并聊了一会儿天，其中一个自我感觉聊天过程轻松愉快，另一个却被惹恼了。为什么呢？因为被惹恼的朋友发现，不管他说什么，对方都是一脸不屑的表情，哪怕说出掏心掏肺的话，对方也只是草草回应；更要命的是，对方说话的语气尽显戏谑、调侃、挖苦意味，玩世不恭，洋洋得意，虽然话都是好话，但怎么听怎么刺耳。以至于我的这位朋友忍无可忍，开启了心底的愤怒闸门。

其实人格标签都是我们后加上去的，现实中压根就不存在百分百的不拘小节的人，谁都有自己在乎和珍视的人和事，很多"雷区"是调侃不得的。说话不顾及对方感受，总是突施冷箭，还告诉对方自己是为对方好，自己就这样，刀子嘴豆腐心。可人家根本不会领情，因为在只占7%的话语内容里，你再怎么挖掘和弥补，都不及你那占比38%的说话语气来得有冲击力。

咱们中国人比较务实，我们平时总觉得内容为王，形式次之，但时间久了才发现，形式对内容具有巨大的渲染作用，甚至，形式就是内容的一种。

我们先举一个比较远的例子。特朗普，美国新当选的总统，当选前的公众形象让外界不敢恭维，可人家打败了各方看好的竞选对手希拉里，堂而皇之成为白宫主人，靠的是什么呢？

其他方面的因素咱们不探讨，单看他们竞选演讲与辩论的话语风格，就能洞察出些许端倪。希拉里四平八稳，不出彩可也不犯错，特朗普的话风极具鼓吹性和煽动力。这要是放在数年前可能很吃亏，但结合当前美国环境：经济发展式微，国内外矛盾激化，渐趋不可调和境地，多数选民对未来发展心里没底，因此对说话硬气的竞选者就易产生好感。由此可见，在向别人推销自己的时候，得先让自己信，自己都不信，别人更没底。

再举一个比较近的例子。

女朋友从衣柜里拿出一件衣服，小心翼翼地换上，满心欢喜地闪到男朋友面前，两眼绽放着期待的光芒："亲爱的，你看这件衣服人家穿起来，好看吗？"

这千古一问不知让多少英雄好汉败走麦城。

"阵亡者一号"往往这么回答："还行，挺好的。"——失败告终。

"阵亡者二号"稍动了点儿心思："漂亮，真好看。"

女朋友追问："哪里好看？具体说说。"

"阵亡者二号"失败告终。

"阵亡者三号"拼了："太好看了！好看好看真好看！"

女朋友追问："哪里好看？具体说说。"

"阵亡者三号"："颜色搭配协调，款式新颖，面料考究，穿在你身上可谓绿叶配红花，不仅衬托肤色，更是烘托神采，简直是人衣一体，浑然天成……多少钱买的？"

"阵亡者三号"失败告终。

成功者微微一笑。女朋友翩翩走来，他装作没注意。猛然回头，发现女友穿着新衣服站在身后。女友问："好看吗？"

成功者半张开嘴，双目释放出不可思议的惊喜，失声叫道："哇！"

女友直接扑到他怀里。

很多时候，对方要的压根儿就不是什么意见，期待的只是你的肯定。

很多时候，对方向你诉苦，也不是期望你讲出多少套方案来帮她解决问题，你不需要说太多，只需要语气温柔且坚定地告诉她，没事，不管发生什么你都会一直在她身边陪着她，这就可以。

很多时候，对方问你爱不爱她，你不用说出一大套甜言蜜语，或者弄个山盟海誓什么的。你只需要目光诚恳地看着她，用深沉的语调缓缓说出那三个字，再一把把对方搂进怀里，就妥了。

爱她就给她讲她想听的话，就给她更好的沟通体验。

人与人之间的沟通，归根结底讲是情感上的交流，道理再硬，也打不透人性。话语内容再掏心掏肺，如果你的表达方式不当，对方就不会满意。这没什么好纠结的。反过来说，既然你说话的出发点那么舍己为人，为什么在形式上就不肯稍加雕琢呢？要知道，你的坚定、你的温柔、你的尊重、你的理解、你对对方所有的善意，都是通过说话方式来体现的。

在现实生活里，你说什么，对方往往不是十分关心，而你用什么形式说，说得是否用心、贴心，决定了沟通之后对方对你的好感降低，还是你们的情感更加牢固。

CHAPTER

02

第二章
自我沟通篇

第一节
有一种"自言自语"，让我们细思恐极

张三有一次喝多了才跟我絮叨，否则我都不知道他原来是这么想。

"我觉得你和李四就是瞧不起我。"

"啊？"

"别装了，我早看出来了。"

"啊？"

"不是一次两次了。你们对我就是有看法。是，我是幼稚一点儿，懂的道理也不多，但我自问也没做错过什么吧？你们干吗对我那样？"

"停，等一下，我们从没瞧不起你呀！什么一次两次了？我们对你哪样了？你说具体点儿。"

"就说上次我让你看我写的稿子吧。是，我刚上手，写得不好，入不了你的眼，但你也别表现得太明显啊！不到5分钟就看完了，还敷衍我说写得挺好。上上次你也是这样。"

我脑子有点儿发蒙，拼命搜索着记忆。啊，终于想起来了。

张三毕业后在某事业单位待了几年，空余时间想写写东西赚点儿外快。因为我多少还有点儿经验，张三就经常把写好的稿子拿来让我看看。

张三的确挺有文字天赋，写的东西很流畅，读着不累。上次他让我看的那篇稿子，在交给我之前他就先发到了朋友圈——我已经读过了。

当时他把稿子给我，我心说那就正好再看一遍吧。看完之后觉得真的不错，就对他说："挺好挺好，真的不错，继续加油。"张三嘿嘿一笑就走开了。

没想到这件事居然在他心里住了这么久。

"张三，这完全是个误会，可能有我处理不当的地方，我跟你说一下……"

我把这个故事的"另一个版本"交代给他，总算把他的心结打开了。

不一会儿，他仿佛又想起了什么，继续吐起苦水：

"但有件事你解释不通。"

"什么事啊?"

"就是有一次,咱们仨在街上边走边聊天,我给你们讲段子。是,我知道我讲的笑话都比较冷,但瞧瞧你们俩的那个眼神。李四把头扭过去,爱答不理的样子。你看了眼李四,眼神里好像在说:'看,这小子又开始讲冷笑话了。'李四回看了你一眼,会心一笑。你俩有话干吗不直说?不至于这么奚落别人吧?!"

我听着张三的诉苦,总感觉这不是段单纯的兄弟关系,反倒有点儿像三角恋情。他说的这事我还真有印象,因为事情刚过去不久。

那天我们仨走在街上,张三口若悬河,我和李四有一句没一句地应着。当时从我们身旁走过一个女孩,看身材、样貌很像李四曾追求过的一个姑娘。李四双眼立刻聚焦,目光跟踪长达二三十米。

我看了李四一眼,用眼神在问他:"是她吗?"然后李四摇头一笑。

就是这么简单的一件事。

我又把前后过程一五一十地跟张三讲述了一遍,他才释怀。

那天送别张三后我回到房间,躺在床上想了很多。

人真的挺有意思,我们在遇到一件模棱两可的事情时，不管真相怎样，通常会先在心里给自己确立一个"主题思想"，然后围绕这个"主题思想"，不断地在上面添枝加叶，撒上"佐料"。

就这样，这个讲给自己听的故事越来越饱满，越来越像那么回事儿，最后自己越琢磨越对，陷进这个情绪里拔都拔不出来。

这时即便有人为你更正故事的真相，你也很难听得进去了，因为先入为主，之后别人再怎么更正，都不大愿意接受。

如果再想深一点，我们在给故事确定"主题思想"的时候，为什么有的人确定喜剧主题，而有的人确定的主题一直都很悲剧？

这反映了一个人的心理，对自己的认知与判断，乃至成长环境。张三从小家庭破裂，看惯冷眼与嘲讽，有点儿敏感，有点儿自卑，凡事想得比较多，所以，他经常给自己确立"悲剧主题"就不难理解了。

倘若有一位更加敏感、心思更加细腻的读者在读我的这篇文章，读到这里他可能会对我有想法："我倒觉得你是真的瞧不起张三，你对张三的解释是更大的谎言。你安抚完张三，回头肯定又把他的幼稚行为讲给李四听……"

你看，人编出来的故事真的是要多荒诞就有多荒诞，很多误会就是这样不断发酵而成的。

其实我们不光在与他人的相互作用中容易一头栽进情绪里，导演一场人物关系复杂的情感大戏，即便是在与自己的相处过程中，很多时候也会不经意间讲故事给自己听。

有过照顾小孩子经历的朋友都有这样的体会：小朋友玩着玩着，跑着跑着，一不小心跌倒了，如果没人理他，他不会当回事，会干净利落地爬起来，继续玩耍。

但如果照顾者和亲朋好友立马围上去，呵护备至，担心这里摔没摔坏，那里擦没擦破什么的，小朋友立马哭声震天响，半天都哄不好。

原因是什么？孩子太不懂事？越有人爱越放肆？不是的。

因为我们人为地打破了孩子对于"受伤害"的认知。

当他跌倒了，假设疼痛指数是1，在没人干预的情况下，他对疼痛的意识判断也基本客观，就是1。

但周围人的关心与呵护立马让他意识到了问题的严重性，这时如果自己只是做出1的反应，已经无法呼应这种严重性了。为了使心理平衡，他会不断升高对疼痛指数的界定，他会做出2、3、4乃至更高的疼痛意识反应。

再举个例子，我们都有过感冒发高烧的经历。当没有人知道你怎么样的时候，你觉得虽然身体不太舒服，但一切都还好，还承受得来。但如果一个医生给你测了体温，告诉你大事不妙——高烧达到40度，你会怎么样？恐怕你一分钟也受不了了，心理防线顷刻崩塌，痛苦无以复加。

以上两个例子都与生理因素有关，我们再来单独说一下心理。

我们都曾经历过得知跟自己关系密切的人离世或罹患重病的情景。

平静下来，客观地回想一下，仔细分解当时的心理流程，我们真的一听到那类消息就难过、痛苦吗？

未必。

这不是说我们冷血，我们确实很爱他们，但这种爱比较日常化，只有等到日后你再回想起他们，或是再次想起一些共同的经历时，痛苦才真正袭来。这是一个有潜伏期的、长线的情绪反应。

那我们听到消息时立马感受到的痛苦是什么？真的是痛苦吗？不一定，可能是社会经验告诉我们："这个时候应该感到痛苦，因为亲人遭受不幸了。"然后，我们才感受到了一种"痛苦的感觉"。

没错，我们的痛苦有时候并非是真正的痛苦，而是觉得自己"应该感到痛苦"。

失恋后的情绪崩溃也是这样。其实仔细想来，两个人的感情走到尽头，有惋惜、有遗憾是肯定的，但这种感觉真的难以承受吗？不。

很多时候，我们遭受失恋并不会瞬间痛不欲生，往往是爱往情绪里钻，心底仿佛有个小人儿在不断提醒自己："喂，你可是失恋了啊！你可是失恋了哟！"然后我们才崩溃。

生活中，这样的自导自演最终将自己的情绪沦陷的例子太多了。记得有一次，天气好像有些热，我在公交车站等车，周围的人脸上的表情都拧作一团，仿佛有一种受不了酷热的痛苦在空气中传染。我也跟着皱起眉头来，参与进这个痛苦的集体中。

突然间有那么一秒，我冷静一想：咦？我并没觉得多热哇？干吗要这个样子。我把眉头舒展开，身体放松，情绪平稳下来，感觉完全是另一个世界——真的不热。

这时再环顾周围人的样子，疑问从脑中产生了：他们真的很热吗？还是被自己给骗了？

尤瓦尔在他的《人类简史——从动物到上帝》一书中阐述佛教教义，说过如下一段话：

人想要离苦得乐，就必须了解自己所有的主观感受都只是一瞬间的波动，而且别再追求某种感受。如此一来，虽然感受疼痛，但不再感到悲惨；虽然愉悦，但不再干扰内心的平静。于是，心灵变得一片澄明，自在。

这就像是有人已经在海滩上站了数十年，总是想抓住"好的海浪"，让这些海浪永远留下来，同时又想躲开某些"坏的海浪"，希望这些海浪永远别靠近。就这样一天一天，这个人站在海滩上徒劳无功，被自己累得几近发疯。

最后终于气力用尽，瘫坐在海滩上，让海浪就这样自由来去。忽然发现，这样多么平静啊！

痛苦真正的来源不在于感受本身，而在于对感受的不断追求，而很多情绪都是被人为地营造出来，再把我们拉下水。这些情绪，往往出自我们自己之手。

第二节
先不要急着讲"感人"的故事给自己听

一

　　方明在大家的眼中真的可以算上国民好男友了，但小楠最终还是离开了他。

　　人言可畏。

　　"方明对你多好啊，干吗不好好珍惜呢？"

　　"天天给你打水送饭……你生病了他宁可推掉工作也来照顾你……这样的男友百年难遇啊！"

　　"你不会是吃着碗里的看着锅里的吧？人要学会知

足啊！你这样相当于欺骗人家的感情！"

"他为你可是花了不少钱呢！没功劳也有苦劳吧？你怎么这么不懂珍惜？你这个人怎么这样啊？！"

…………

面对纷至沓来的指责与不着边际的猜测，小楠开始还四处解释，最终归于沉默。

很久之后，在一次闲聊时，我装作无意地提起了这件事，问起小楠分手的真实原因。

她长舒一口气道：

"冷暖自知啊。我在大家眼中成了负心人，可也真的只有我自己知道，跟方明在一起的时光，我虽然很受益，却并不幸福。准确来说，是很累。"

我更加好奇："为什么有这种感觉？"

她答道："正如你们所看到的，方明对我的确很好，夸张点儿说是既当爹又当妈，无微不至地照顾我。

"但你们看不到的是，他把他的一切付出都置换成了索取的筹码，把所有的给予都写在了脸上。他每包容我一次，都会成为下次争吵时的说辞；他每为我付出一点，都会让我用双倍的情感代价来偿还。

"刚开始我虽然心里有些不舒服，但也挺感动，毕竟对我好的人真的不多。但日子久了，他的态度越发激烈，一丁点儿不如意便会引起一顿抱怨与争吵。他每次都站在道德的制高点对我指责谩骂。没有就事论事，没有矛盾焦点，他所有谩骂的底气，都来自于他觉得他比我付出得多。

"而每到我用最后一丝勇气来捍卫仅有的尊严时，他总有一句口头禅等着我：'我为你付出那么多！你还顶嘴？！你是不是瞎了眼？！'我真的是有点儿撑不住了……"

听小楠说到这里我恍然大悟：并不是小楠变了心，也不是她不够珍惜方明，错就错在方明在一段感情中没等把对方感动就开始自顾自怜，迫不及待地先感动了自己。

二

张远是我高中时的同班同学兼室友，很多年过去了，我仍然记得我们当初备战高考期间的壮烈场景。

我和张远一文一理，成绩都还算过得去。在那段千军万马过独木桥的光辉岁月里，很难找到比张远看起来更加努力的学生了，准确来说，他那算拼命。

晚间的自习室，他永远第一个到达，最后一个离开；回到宿舍，他也经常性地挑灯夜战，稍一发力就熬到凌晨三四点。

然而最后发榜时张远名落孙山，惊得众人都傻了眼。

当大伙都以为这仅仅是他发挥失常时，我心里明白：张远其实并不算真的努力。

为什么这么说？

张远的确够拼，但他拼的仅仅是时间，却丝毫不顾效率。高考临近的那段日子里，历年的试卷被他做了十多遍，却很少见他整理自己的错题。我尊重他的用功，但不得不指出，他做了太多的无用功，话说得直白些：张远震撼了观众，却欺骗了自己。

大学毕业后，我成为一名网络作者，也经常会跟读者朋友在网上沟通聊天。

有一次，某个初入行的写手向我抱怨："难啊，太难了！累！我们编辑要求我平均三天交一篇稿子。三天一篇啊！熬得我脑细胞都要炸了。你怎么样？你们网站编辑什么要求？"

我答："我们编辑基本上不催稿，我平时有时间就一天写一篇，时间不够的话就两天一篇。"

听闻这话他彻底惊呆了。

我并不觉得很累很艰难。原因很简单：我认识好几位高产写手，他们中有的人一天能赶出三篇。

我们常常能听到有人稍一委屈便叫苦叫难，我也曾经满腹抱怨，但时间长了我发现，痛苦都是说给自己听的。我们也经常会讲一个感人的故事给自己，其实见得越多越发现，曾经以为那些可歌可泣的努力表现，在真正努力的人面前根本就不值一提。

三

小时候住在农村，李大爷一家是我们的邻居。李大爷这人其实也挺勤快，但唯一的缺点就是嘴比行动更勤快。

中国有句老话"先做再说"，可李大爷的原则却是"边做边说"，甚至事情还没怎么样呢就先说出去，还要大大地说。

家里买了一条鱼，拾掇拾掇摆上餐桌，正当一家老小准备欢乐开餐时，李大爷开始发表"获奖感言"，势必要说道说道这条鱼有多么金贵，自己弄到它多么辛苦。吃饭如此，其他就更是如此，无论什么事情，李大爷都要先抱怨，再邀功，务必要让天地都为之动容。

天长日久，老婆、孩子反而越发不领他的情。李大爷百思不得其解。

原因其实很简单：物以稀为贵。本来你不说，大家心里有数，对你的辛苦满怀感激；你偏偏要举轻若重，渲染自己的不容易，大家反而轻视起你来很容易。

博得世人一致好评的老戏骨，真正可以称得上内外兼修、德艺双馨的演员陈道明，在我还没出生时就凭借精湛的演技与敬业精神红透了华语演艺界。更有意思的是，每当接受记者采访，这位媒体圈公认的"倔骨头"总是对所有煽情提问拒不买账，几句话就呛得记者没脾气。

有一次陈道明接受电视节目主持人访谈，主持人在节目临将结束时想升华一下主题，便套路式地问他："陈老师，您在演艺圈中可以说是德高望重的老前辈了，来说说这一路走来您遇到的难处和心路历程吧。"

陈道明一愣，脱口而出道："难处？什么难处？"

主持人坚持不懈："就是比如面对的压力啊，非议啊什么的。当明星多难啊！怎么可能没难处呢？"

陈道明会心一笑答道："没啥难处。哪来那么多难处和不易啊？干哪行容易？活在这世上谁不难？你去问问那些马路清洁工，问问工地上艰苦作业的农民工兄弟们，他们难不难？他们比我们难多了！你天天被人当个明星追着，吃香的喝辣的，名利双收，回头你在电视上油头粉面、西装革履地跟观众们说你多难？不对吧。你要非问我难不难，那我问问你，你难不难？你费尽心思地采访我，就为了收视率指标和一个月的工资再多一些，要我说，你都比我难！"

当我看到这里，对陈道明老师顿生敬意。他话糙理不糙，人实话直接告诉我们：别总举轻若重，人活一辈子，没有人活得多么如意，不要动不动对人念叨自己多不容易，没人愿意听，除了自己。

四

不得不承认，我们越来越频繁地舔舐伤口，不苦也得挤出点儿苦水，最后连自己到底努没努力过都分不清。

然而，在感动这个世界之前，奉劝大家先别急着感动自己。什么东西都不能靠得太近，太近，就看不清；更不能把自己呵护得太紧，太紧，稍动一下都觉得好累，喘不过气。

在2016年的奥斯卡颁奖典礼上，全世界都见证了莱昂纳多凭借电影《荒野猎人》获得奥斯卡最佳男主角奖项。当无数人在替他扬眉吐气、欢呼雀跃时，他在做什么呢？

他轻轻地举起小金人，获奖感言里没有趾高气扬，没有泪淹现场，而是着重谈了谈帮他获奖的电影《荒野猎人》，顺带着呼吁大家一声：朋友们，请注意保护环境。在那一刻，观众们看到了一位真正成熟起来的莱昂纳多。

2016年4月，NBA传奇球星科比·布莱恩特光荣退役。当无数球迷在替他回忆往昔、著书立传时，他在做什么呢？

他轻松地说了一句"Mamba out"，潇洒地脱掉了球衣。第二天清晨记者们发现，科比穿着职业正装，准时到达办公室，立刻进入角色，准备把事业开拓进一个新的领域。在那一刻，许多媒体的评论员都不感到意外：你要知道，那才是真正的科比。

刘德华曾把多年奋斗的心路历程写成了一首歌，歌名叫《今天》。本以为他会大倒苦水，为自己的努力代言，没承想歌词却是这样：谁没受过伤，谁没流过泪，何必要躲在黑暗里，自顾又自怜……

我们每个人的生活中都有苦甜悲喜，我们每个人的境遇都可以说是谈何容易，然而今天，我不想把一份鸡汤式的理解带给你，并假模假样地附上一句："宝贝，我懂你。"那对你而言毫无增益，对我来讲是在变相地消费着你的情绪。

我只想对你说："坚强一点儿，自己懂自己；走出那个疗伤的角落，勇敢地拥抱每一个黎明。等有一天我们真正付出了值得称道的努力后，再去对他们说：
'嘿，当初自己，说来不易。'"你要知道，往往是走
了很远后的回眸一望，才能豁然看到一路走来的荆棘
与美丽。那时的感动，无与伦比；那时的自己，酣畅
淋漓。

第三节
自我沟通时，当心被"敏感"拖垮了自己

一、平凡的你，没那么多的假想敌

经常有读者朋友给我留言，或抱怨，或倾诉：

"我在微信上找某好友聊天，她半天都没回复我，可我却发现她更新了朋友圈。她是不是不拿我当朋友了？"

"我女友最近对我总是爱答不理，总说自己心烦。她是不是喜欢上别人了？"

"我是一名小作者，连续给某网站首页投了五六篇稿子都没通过审核。你说网站编辑是不是对我有意见？"

"我爸妈对我总是颐指气使，跟他们商量个事情都没好语气。他们是不是嫌我没用了？"

…………

我浏览着这类信息，脑海中浮现出一个个对着风车作战的堂·吉诃德，心说这些事情要是在同一时段发生在同一个人身上的话，那该多么令人绝望啊。

不得不承认，敏感如你我，真的会不自觉地在生活中树立许多不存在的假想敌，但凡有些风吹草动，就会不由得草木皆兵。长此以往，真的很累。

2011年，娜塔莉·波特曼凭借电影《黑天鹅》获得奥斯卡最佳女主角奖项。这部影片讲述的是一位心思过于细腻的芭蕾舞演员的悲剧故事。娜塔莉·波特曼饰演的芭蕾舞者的生活原本一切太平，可她却敏感地觉得自己被困在了与另一位芭蕾舞者的竞争状态中。随着正式演出的日益临近，她的幻想与不安也在一步步放大和加剧，最后整个人都不好了，坠入了无底的痛苦深渊……

当我遇到读者朋友的如上提问，我都会提醒提问者："大家都有各自的小圈子和小世界，可能都有自己的难言之隐。很多时候并非是他们针对你，只是可能你有些玻璃心。平凡的你我活在这世上，不存在那么多的假想敌。"

二、平凡的世界，漂浮着无数干扰颗粒

你知道吗？很多时候，旁人表现出不爱理你甚至讨厌你，并不一定是他们真的讨厌你，而是有些身不由己。

我曾经在一篇文章中提到过一个观点：人的生理状况有时候决定着人的头脑与情绪。你是否有这样的发现：生活中那些脾气差、情绪起伏不定的人，往往健康状况都不太好，或者说，他们的身体大都处于亚健康状态；而那些比较爱运动、新陈代谢状况很好的人，往往活泼开朗、容光焕发。纵向比较也是这样，比如你在一个空气清新、景色怡人的环境下与恋人吵嘴，跟你在屋子里憋了一整天、皮肤干燥头发分叉的情况下与恋人吵嘴，过程与结局肯定不可同日而语。前种状态下你嘻嘻哈哈不当个事儿，后者状态下你可能狂躁不已甚至会动分手的念头。明白了这个道理可以让我们试着多方面理解他人，很多时候不是对方针对你或是人品差什么的，而仅仅是因为他的健康状况不佳，提不起兴致，就好比女同胞生理期来临时情绪起伏较大一样。

以上是一个人状态的纵向比较，如果横向来看，人与人之间性格与处世方式的差异之大，足以让你我瞠目结舌。这也是我为什么一直强调要尊重多样性的原因。

一位文化传播领域的老教授在为我们做培训时曾提供一份资料，所反映的是人性取向的多元选择。从那份资料上我们可以看到，仅仅是关于喜欢什么样的人作为伴侣这个问题，都能因为人的取向不同产生诸多排列组合，人与人之间的差别之大可见一斑。所以我们常讲：理解万岁。

所以请你明白：

朋友更新了朋友圈却没回复你的微信，有可能是对方一时疏忽或不方便聊天；

你的女友心烦、情绪差不是因为厌恶你，有可能是她刚刚与姐妹吵嘴或身体不舒服；

你投的稿子没有获得编辑赞许不是对方刻意针对你，有可能是你写的文字暂时还没有符合对方的标准与读者的需求；

你的爸爸妈妈对你不满意不是他们嫌弃你，有可能是关系这么近，他们没想过要跟你讲究礼仪、客客气气；

…………

很多猜疑，很多烦恼，其实都不在别人，恰恰是发自你敏感的神经，归结成四个字就是——仅此而已。

三、任何一艘小船都不会突然沉底

让我们敏感而脆弱的一个很重要的原因就是我们缺乏足够的心理安全感，这份不安与无措往往是我们产生玻璃心的最大诱因。网上流传着"某某的小船说翻就翻了"的段子，我们姑且听之一笑。你要知道，在现实生活中，人与人之间的情感关系并没有想象的那么分崩离析、不堪一击。爸爸妈妈不会因为你的出言不逊而改变对你深入骨髓的爱与牵挂，身边的伴侣也不会因为你某件事情做得不好而另觅新欢，真正的朋友更不会因为一条信息没有得到及时回复而对你的人品产生怀疑，陌生的路人也不会因为你的某一窘事而在笑容中传达讥讽的恶意……地球蛮安全，没有任何一艘小船说沉底就沉底。

在此我给大家推荐一本书，是日本著名作家渡边淳一先生写的，书名叫《钝感力》。

擅长情感题材的渡边淳一先生在这本书中并没有局限于谈男女两性，而是告诫深陷都市泥潭的我们在生活中不要太过敏感以及如何"脱敏"。所谓钝感力指的是一种"迟钝"的能力。这种看似有点儿傻的能力在当今社会中真的是必需的。我看过一篇文章，题目好像是《要和睡眠好的人谈恋爱》，大致意思是一个人的睡眠好恰恰反映出其心胸开阔，脑子里装的事情少，而在恋爱中的他们虽然看似呆滞木讷，却自我安全感十足，一句话，说白了就是不折腾、不矫情。这恰恰呼应了《钝感力》的核心主旨：我们有时活得过于敏感，这无论对我们的爱情、友情还是亲情、事业都是极为不利的，尤其是对我们自己。

最后，我希望读者朋友能坦然地排除掉脑海中的假想敌，看清生活中繁杂的干扰因素，理解他人的身不由己，在内心搭建起最坚实的安全感，放心地把别人还给别人，把自己交给自己。

CHAPTER

03

第三章

职场沟通篇

第一节
与上司沟通时应注意的方方面面

下面和大家系统地聊一聊在职场如何与上司打交道，顺便谈一谈大家日常比较关心的问题。

一、老板交代很多任务，恰好你很忙，怎么办

一个年轻人刚到一个新单位，主管老是把各种任务交给他。这倒不算什么坏事，起码证明他很能干。但当工作一件又一件地交代下来，越积越多，他就有点儿受不了了。

他想主动拒绝，但面对上司却不知道如何开口，问我怎么办。

个人有一个办法，那就是把是非题变成选择题。

首先，你要知道，在没有特别练习的情况下，人与人在谈事情的时候，常常都会不自觉地把一件事情的做或不做，简化成一种毫无转圜余地的是与非。

譬如，老板交给你新工作，你要么接受，要么拒绝。这，是是非题。

但请注意，只要一个问题变成了是非题，那往往就意味着有人输、有人赢。

譬如分派工作，在是非题中只有两个下场：一种是老板被你拒绝，一种是你被老板拒绝。不过没有人会喜欢输的感觉。

那么，要怎么样转换这个是非题呢？在上司交给自己新任务的时候，大家可以这样说："老板，因为我现在手头上的案子已经很多了，所以要我再接这一件也没问题。但在执行上，品质就不太可能保持跟之前一样。这样子，行吗？"

如此回应，我们没有拒绝接受任务，我们也没有诉苦，说自己有多忙多累以博取上司同情。我们只是很巧妙地暗示了一个选择：您要我做，可以，但品质与效能您得选一个。

这不是一个是非题，而是一个选择题，而无论上司选了哪一个，我们其实都从中得到了"利益"。要么，你接下任务，但可以做得不用那么费心；要么，上司把任务交给其他人去做。

二、怎样拒绝来自上级的不合理安排

职场上有个老生常谈的智慧：千万不要对老板说
"没办法"，要说也得说"正在想办法"。

还有一句话说：老板提出的要求，合理的叫训练，
不合理的叫磨炼，总之都是很好的锻炼。

但领导也是人，也有犯糊涂的时候，如果领导的要
求本身就不合理，那下级做好了是应该的，做不好却是
"罪过"。下级，真的就不能说"不"吗？

大多数领导既不是完全不讲道理，也不会完全客观
中立。他既然做了决定，当然希望下属尽力去做，下属
如果抗拒，他的第一反应肯定不是反思自己哪里不对，
而是认定下属想偷懒。

这是人之常情。

所以，对领导说"不"，不是不行，而是不能硬
来，要有智慧，要讲策略。

教你三个步骤：

（一）战略上高度肯定

首先要表个态："老板，我是完全没有抵触情绪
的，您说的都对，高屋建瓴，视野宏大，锐意进取，敢

为人先。"这不是在拍马屁，而是在表明你是在理解他的出发点的。毕竟人家站得比你高，看得比你远，他的初衷肯定是对的，在这一点上没必要跟他犟。

（二）成本上精密核算

想要改变上级的看法，就要看这一步你做得好不好。什么叫成本上的精密核算呢？当你面对一个你不敢得罪的人，又想拒绝他的要求的时候，唯一的办法就只有通过把事情落到实处，把账一笔一笔地算清楚，让对方自己打消念头。因为不管霸道总裁多霸道，他总归还是个总裁，总得对公司，或者至少对自己的业绩负责。所以，一件事他想不想做只是一方面，做了划不划算才是关键。让他清清楚楚地知道这事划不来，不管多顽固的人，只要不傻，都会主动收回成命的。

（三）决策权完全上交

要做出决策权完全上交的姿态。老板也是人，是人就有自尊。"敢情你算出来证明我不对是吧？那就是我蠢啦？"但凡他产生这样的想法，你的日子就不好过了。所以，你千万别露出一副"我早就知道"的得意嘴脸，而是要完全不动声色、客观中立地把计划与成本报给他看，让他自己去裁决，他绝对会知难而退的。

三、如何向老板提要求

很多人以为，提要求会引起冲突，很多情况下，各退一步就天下太平了。其实，正好相反，大多数条件下，我们的需求都不是跟对方针锋相对的。人和人之间的冲突，主要不是因为提要求，而恰恰是因为没有主动把要求讲清楚。

（一）如何跟老板提加薪

常见的两大套路：

1. 祈求派

通过跟老板不断强调自己这一年来过得有多惨，自己有多辛苦，通过强调自己的惨况向老板求打赏。

2. 威胁派

摆出一种我现在超级不爽，觉得自己常常被亏待，薪资低于普遍水平太多，你现在不给我加工资，我就要考虑离职。

坦白说，上面这两种套路都不怎么可取。用祈求的方法，其实是把加薪这件事情变成是老板对你的同情和打赏，这除了会让你变得很憋屈之外，你求加薪也是在赌你老板的人品和心情。

而威胁，风险太大了。你已经摆出了一种不加薪我就离职的姿态，万一老板就是死活不给你加薪，怎么下台？这个方法其实是在赌老板的胆子足够小，而这风险太大了。

如果我们把谈判的基础都寄托在对方的人品和人格上，这会为我们营造出一个最吃亏的谈判处境。

在谈判中，最怕的就是你把最终决定权完全交托给对方。

那我们应该怎么要求老板加薪呢？

我们的目标是，在谈判的过程中加强对老板的牵制力，同时又不卑不亢地增加成功的概率。

1．确认加薪标准

在谈加薪时，千万不要一上来就说："老板，我希望加薪，到底行不行？"这时老板很容易找到各种方法把你挡回去。

首先我们要做的是，问清楚在老板心目中其加薪的客观标准是什么。

比如你可以这样问："老板，我想知道，在我们公司里，到底一个员工，尤其是我这一层级的员工，大概达到什么样的标准或者条件才可能加薪呢？"

注意，你不是在问自己还需要做什么才能加薪，你是要问，在这个公司里，加薪的客观标准到底是什么。

为什么这样做？因为你和老板本就不对等，这样很不利于谈判。先问出一个标准来，就造成了一种相对公平的局面，有的放矢。这样就成功地把一个"你想不想给我加薪"的问题置换成了"应不应该给我加薪，给我涨工资合不合理"。这个宝贵的标准是接下来我们谈判的一个最有力的根据。

2．讨论我们的工作表现

问清楚标准之后，我们要大大方方地跟领导讨论，自己今年的工作表现是否已经达到了这个客观标准。我们要按照老板所说的标准，举出实际的证据或例子来证明其实我们已经达标了。但有时你会发现，我们并没有完全达标，这时我们要做的就是进行条件交换谈判，比如说："我确实没有在A项目上达标，但是我在B项目中表现超标啊。那么我在B项目上的表现可不可以补偿在A项目上缺失的那一块，让我加薪呢？"就算不可以，我们也要向老板适当地强调自己在B项目中的杰出表现，以及应该得到的适当奖励。在整个第二步，我们就是要将自己的工作表现尽量向老板提出的加薪标准靠拢。

3．带领老板想象未来

在谈加薪的时候其实很多员工都是把重点放在自己过去一年有多拼，自己过去一年的成绩有多好。但坦白说，对老板来讲，过去的已经过去了。普天下的老板在花钱的时候，他们的焦点永远都是自己手上这一笔钱投下去，未来能获得什么好处。所以，现在我们要给老板一个未来。

比如，我们可以这样向老板说："老板，如果我得到加薪，那我承诺在接下来这一年里，在项目A中投入更多的精力。我的家人也不会一直质疑我的工作前途，他们也会体谅我需要常常加班，那我就可以更加专注在自己的工作上了。"

总之，我们就是要让老板觉得，在诸多同事中选择给我们加薪是公司对未来最值得的一项投资。

（二）如何请假

先说两个请假的"雷区"。

1．企图用削弱损失的方法来降低被拒绝的风险。

比如很多人喜欢在公众假期之前跟老板说："老板，我周五想请个假，反正离黄金周也就一天了，一天也做不了啥，跑过来也没什么意义。"

你看，如果你自己都觉得自己的工作做不了啥或者没什么意义，又怎么可能让上司尊重你的工作成果呢？你以为你削弱的是自己离开给公司带来的麻烦，但实际上你削弱的是自己在公司的重要性，甚至是工作本身的价值。你以为把这一天说得不那么重要一些，你的上司就会不介意你不来，其实，这会让你的上司觉得你的工作态度有问题。所以，请假的时候千万不要说什么"反正这几天也没啥事儿，就一天没来没什么关系"。

2．企图对你的直属上司进行道德绑架

这里的道德绑架是指：你制造一种如果他不批准就会给你造成巨大损失的情境，把他摆到一个不准假就不地道的尴尬位置。

这种做法虽然上司多半会同意，但他从此会对你产生极高的防御心理。作为一个管理者，领导最在意的就是别人对公司人事的掌控权，你这样让他被迫让步，其实是破坏了他权力的完整性。他会感到憋屈又不安，以后也会跟你没完。

请假的正确原则：

1．预留充分的时间，让上司对请假的结果和工作的安排享有完全的主导权。

这一点说白了就是，有事早点说，不要搞临时起意，让大家措手不及。提前规划不仅能体现出你把工作放在第一位的责任感，还能给对方留出充分的时间，让他不必立刻做出决定。这些都可以保证上司的控制权，让他满意。

2．记住，离开时的工作交接和安排比你离开时的理由更加重要。

一个上司拒绝下属的请假，往往并不是因为下属的请假理由不够合理充分，主要是怕请假者的工作没人干，给公司带来损失。而我们此刻要做的，就是立即交接好工作或做出一个稳妥的工作交接计划给他看，打消他的后顾之忧，准假自然也就是一句话的事了。

四、如何向老板报告坏消息

谁都喜欢听好话，可是生活中总免不了坏消息。有时候坏事明明和你无关，但是职责所在，你又必须要如实汇报给上司。这时候就有点儿尴尬了。

不管你是直着说，拐着弯说，带感情地说，不带感情地说，似乎都容易惹人生气。

那么，怎样才能既清晰表达信息，又能安抚对方的情绪，避免惹火上身呢?

这里提供给大家一个原则，就是采取客观中立的表达方式。

报告坏消息的时候，最常见的误区就是因为要表现出感同身受，反而让自己受牵连，成为被指责的对象。道理很简单：本来没你什么事，但你的表情那么丰富，反而会让你成为一个很可疑的人。

报告坏消息的时候最重要的是态度中立，既不冷漠，又不过分热情。没有什么比专业人士的中立更让人挑不出毛病的了。所以，我们一定要在这个时候注意塑造自己的专业形象，有制服的要把制服穿整齐，没有制服的，服饰、声音、表情、姿态也都要有专业人士的规范性。

说话要清楚有力，不要支支吾吾，眼神要直视，不要躲躲闪闪。这一系列动作的潜台词就是："这件事无论有多糟，但和我是分开的。"

五、辞职的时候，怎么和老板说

好的辞职谈话和好的面试表现其实对于职场沟通来说，同样重要。

许多人觉得既然要辞职了，干脆说痛快了，尽情宣泄，但是要知道，职场往往是个小圈子。

在你身上贴得最久的评价和标签，不是你面试时留给人的印象，而是你离职时留给人的印象。

马云说，员工的离职现象林林总总，真实的原因只有两种：一、钱没给到位，二、心里委屈了。归根结底，就是干得不爽。

员工临走时还费尽心思找靠谱的理由，是为了给老板留面子。

这番话是站在公司的角度，如果站在工作者的角度，仅仅给上司留面子，不够。

我们更希望每一个人从辞职里得到些什么。

所以，正确的辞职应该分为以下三层意思：

（一）告知去处

你辞职的时候你的上司一般会问你："接下来你怎么安排呀？"如果你希望在离职的时候依然同他们保持联系，那么对于离职后的计划最好不要隐瞒。

有人已经签好下一家单位了，却说自己要出去留学，或要在家里休息一阵子，等等。这迟早会穿帮的。当然，告知去处也不是要具体告知去了哪家单位，月薪或年薪多少，毕竟，也有个别不良老板会利用自己在行业里的影响力对你进行打压。

（二）慎选理由

最具破坏力的辞职理由恰恰是马云说的两点：薪资和人际。

"那边给的钱比这边多""在这边人特别憋屈"，这样的理由一旦说出口，麻烦就来了。

比如当你辞职时，你说自己的薪水不够高，就很容易迎来一句话："你觉得钱不够，我们可以加啊。"

你说不行，对方又会说："这样都不行，你到底想要多少？"对方会很不满，而这样的理由传到新公司很可能会被认为你这个人贪得无厌。这不利于你今后的发展。

你要是说公司的同事和你相处不好，也不妥。主管和同事不会因为你的评价而改变性格，他们只会改变对你的评价。说你爱挑剔，不好管理，要求太多。如果你憋不住，非要说，那也要温和一点儿，可以说："我不太适应公司的文化。"这样既不伤人，又表达了自己辞职的原因。

（三）表示感激

你要让上司知道，你很感激他对你的培养和照顾，你可以谈谈这段时间在公司的收获，谈谈自己有了哪些成长。

辞职以后，你和上司的关系也从当年的从属关系变得平等，他是你行业里的前辈，你是他培养过的员工。

没了利益关系，你也可以坦诚地问问对方对自己未来的发展有何建议，自己在工作当中有哪些不足。碰到负责任的上司，他会解答你的不少疑惑。

这一次谈话，或许就是你未来提高的契机。

如果你们的谈话没那么融洽，他指责你不够忠诚，你也只需要表示遗憾，千万不要争辩，你们的立场不一样，他不会接受你的辩解。

好聚好散，这同样适用于职场。

第二节
几个聊天技巧，帮你制胜"饭局"

关于应酬这事儿，我遇见过一位知音，他叫毛姆，是一名词汇量和道行储备量都比我高的外国作家。他有一段话简直堪称愤青的独奏，他说：

文明人的行为真是奇怪，居然愿意把短暂的生命浪费给这些无聊的应酬。在这种宴席上，你会奇怪女主人为什么要不嫌麻烦地邀请许多客人，那些客人为什么又不嫌麻烦地来敷衍。他们相遇时态度寡淡，分别时如释重负。这当然纯属礼尚往来。斯特里克兰夫妇"拖欠"人家几顿饭，所以尽管对这些人毫无兴趣，但还是邀请了他们，而他们居然也来做客。这是为什么呢？也许是为了避免总是夫妻两人吃饭的无聊，或者为了让他们的佣人可以休息，也可能是由于他们没有理由拒绝，或者由于他们被"拖欠"了一顿晚饭。

所有人都想让宴席的气氛活跃起来，说话的音量比平常稍微偏高，于是餐厅里变得很喧嚣。但是没有大家都参与的共同话题。每个人都只顾和他的邻座聊天，喝汤，吃鱼和小菜时跟右边的人谈，吃主菜、甜点和开胃点心时和左边的人谈。他们涉及的话题包括政局和高尔夫球，他们的子女和最新的戏剧，皇家学院展览的画作，天气和他们的度假计划……

再引就跑题了，书归正传。

那么说聚会和饭局就真的没存在必要了吗？也不是。聚会一是能联络下感情；二是人类生活需要仪式感；三是通过这个机会与朋友打交道，顺便观摩下众生相，也是蛮有乐趣的事。

况且，不少人还想通过这样的活动，拉近与目标人物的心理距离。

接下来我就跟大家聊聊饭局上如何说话的一些小经验，一共分成五条，前两条是原则理念，后三条是实操技法，仅供借鉴与参考。

一、千万别抢着当主角

试问：在一个寝室中，谁最吃香？答：老二。

试问：在一部韩剧中，演谁最合适？答：男配角。

试问：在电影《古惑仔》中，当谁最悠然？答：山鸡。

试问：在一个聚会中，谁背地里挨骂最多？答：聚光灯下的小达人。

主角光环令人垂涎，帮主的宝座谁都想坐，但一味争曝光率、抢话语权，那是相当招人烦。

而且，还不一定能玩得转，本身就比较愣，赶鸭子上架，硬往高大上的形象上去靠，那个状态真的是尴尬啊。

当所有人都跃跃欲试的时候你云淡风轻一下，就会获得许多意想不到的惊喜。

二、别想靠酒精打开局面

一是永远有人比你能喝，而且比你会劝；二是喝高了特别耽误事。

应酬不等于敞怀大喝，喝一些也可以，喝到什么程度呢？微醺。这时你可以装作已经喝高，借用酒后吐真言的方式说一些对方想听的话。

三、选择适合对方的话题

锁定一个聊天对象，接下来开聊。如果自己没什么好说的，不说还尴尬，那你的话题选择原则必须是：适合对方发挥。

最好是能让对方对你知无不言言无不尽，话匣子打开就滔滔不绝，饭局结束后让他意犹未尽还想追着你聊。

但要注意：

第一，尽量不要聊工作。这会让人感觉不轻松，若恰巧赶上人家事业不顺，哪壶不开提哪壶，那就麻烦了。

第二，尽量避开谈家庭。家家有本难念的经，一涉及家事，难免需要你抒发看法，这很容易出现问题。

第三，别聊你们共同认识的某个朋友。这世界没有不透风的墙，背后议论人终有可能传到别人的耳朵里，即便真的万无一失，对方也会觉得你这人不可信任。

那我们聊什么呢？答：跟年轻人聊星座，跟有孩子的聊儿女，跟没孩子的聊业余爱好。

要记住：绝大多数的人都是自恋的，他喜欢做的事往往也是他愿意聊的事。

比如你和我聊，你就可以说："你写文章很有内容，是怎么做到的？"

我就有的说了："可能是因为读的书和想的问题比较多吧。"

然后你可以问："你平时喜欢读什么书呢？"

我就有的说了："喜欢读现当代文学。"

然后突破点就打开了，你就可以借此继续："喜欢哪几位作家？喜欢他们的哪些作品？有好的推荐吗？"

然后我就能滔滔不绝地说下去了。

四、通过机智提问，将话题展开延续

这一条是承接上一条的。话题打开后很多朋友不知道该怎么延续，往往是三句不到就把话聊死了。

例如："你喜欢听什么样的音乐啊？"

答："都喜欢。"

你说："哦。"

如果你实在不知道该问什么，那就记住提问的4W原则：what、which、why、how。

例如："都喜欢指的是什么？古典和流行你更喜欢哪一种？为什么喜欢？你是通过怎样的途径搜集了那么

多唱片的？"

这样，话题就由点到线，最后整个面都铺开了。

五、夸赞对方，且不着痕迹

我们让对方说也说了，聊也聊了，除了刺激他的表达欲，让他觉得你是个好听众以外，我们还想干什么？当然是拉近心理距离博好感啦！

光让他说个够怎么行，要夸他，赞美他。

为什么把恭维话放到最后说呢？因为上来就是一顿夸，会让人觉得你功利，不真诚。

所以，当话聊得深入些了，就可以赞美对方了。具体怎么做？

答：将对方的特点升华为优点——从优点中提取出人格中光明的一面——说出他自己都没发现的人性光辉。

比如你对我说："您如此接地气地喜欢看美女，真是真性情的表现。跟那些道貌岸然的假道学之流相比，您活得真诚！现如今，真诚简直成了弥足珍贵的品质。不是我恭维您，称您是社会的良心都不过分。"

夸人的关键点在哪里？在于升华。不能流于表面，而要源于生活高于生活。

比如我饭量大，你就别说："你真好，饭量真大！"你要说："胃口好的人往往阳光又健康，洒脱又坦荡。"

比如我爱看书，你就别说："你看书看得真多！"而要说："喜欢阅读的人都是睿智的人、高雅的人、脱离了低级趣味的人！"

…………

赞美别人是我们成功交际的制胜法宝。当你及时地赞美和肯定别人的优点和长处，对方就会看到自己存在的价值，就会乐意和你交往。

第三节
个体谈判时需要注意的问题

一

前几天，我作为人力资源顾问陪同用人单位主持了一场招聘面试。

该公司招聘文案策划人员，有几名应届毕业生条件不错，进入最终筛选。

其中有这样一位女同学，她专业对口，实习经历丰富，还有不少能拿得出手的项目作品，而且综合素质强，三言两语就能把复杂问题交代清楚，对信息的选择与整合能力更是过硬。这对我和几个面试官来讲，简直像挖到了宝贝一样。

双方聊得都很投缘，最终我们问她对薪酬待遇方面的要求。

那一刻，她倒是忽然慌乱起来，有点儿犹豫，有点儿惶恐。在说了许多客套话之后，她用试探性的口吻缓缓地说出了一个只比刚入行新人的平均薪水高一点点的数字，并且没等我们做出反应，立马跟上一长串解释，声明薪水多少不重要。

最终，面试官很欣慰地接受了她的薪水要求，她也蛮开心。看起来皆大欢喜。

午间聚餐时我情不自禁地说："有点儿可惜啊，她完全配得上更高的薪水。"

其中一个负责人告诉我："你这是头一回碰见这种情况，对我们来说已经见怪不怪了。不少发展潜力都不错的年轻人都不敢开高价，有时我们有心给他们一份配得上的薪水，但他们的要求却多半低于我们的预期。"

我说："你们应该感到高兴，捡了多大的便宜！"

他说："高兴是挺高兴，但反倒心里没底了。这样的人实力够用，但对自我的心理认知与建设就有点儿失衡。她今后怎么样，还得在工作当中看，很多本来我们想当苗子培养的人，都是在自我定位这一关卡住了。"

二

我们不仅在求职时不敢主动开出高价码，即便是有人想找自己合作，问我们的产品或服务想卖多少钱时，我们往往也会不好意思开高价。

我最开始写稿子的时候，也有平台来找我合作。那时我刚刚大学毕业不久，也不懂行内的规矩，战战兢兢，如履薄冰。

每当对方问我一篇稿子要多少钱的时候，说实话，我心里是想多要点儿的，但往往话到嘴边就怂了，生怕惹人笑话，抑或吓跑人家。

我往往会左思右想，反复掂量，开口跟人家说一个低得可怜的数字。

我相信类似我这种悲惨的经历很多年轻的读者朋友都遇到过。我也相信，这种不敢开口要高价的心态，正在或者将要困扰到许多人。

在我们的日常沟通中，这种怕被人说狮子大开口，怕把对方吓走的心态确实成为很多人的心魔。

有一次，又有一个平台找我约稿，问我一篇要多少钱。当时因为太忙，还不好意思生硬拒绝，就打算干脆出一个不现实的价位，让对方知难而退算了。结果当我随随便便地把那个数字报给对方的时候，对方居然爽快地答应了！这件事给我带来的惊讶程度好比一早醒来有人告诉我中了五百万大奖一样。

我百思不得其解，心里知道这跟实力关系不大，因为前后也就一夜之间的事，不可能我睡了一觉身价就翻了好几倍。

那这里面的原因出在哪里呢？一次买衣服的经历给了我启发。

我这个人比较喜欢逛小摊，也是打小穷惯了，买衣服如果不让我砍砍价，就老觉得缺点儿什么。

有一天，我又去了一个可以随意砍价的大商场里去扫货，看到一个摊位上的上衣不错，就想买下来。

那件上衣要价280元，结果我使出浑身解数，一顿狂砍，120元搞到手。

卖衣服的阿姨最后说："小伙子你是真能讲，老太我好久没遇见这样的对手了。"

我礼尚往来恭维道："您也是宝刀不老，开了那么高的价，被我挑了那么多毛病，我好几次表示要走，您居然气定神闲，没有半点儿不开心的表示。"

阿姨哈哈大笑："嫌货才是买货人，看得出来你是真想买，要不我也不可能绷得住。"

回去的路上我恍然大悟：卖货阿姨的心态，不正是一个售卖自身产品或服务的年轻人所应具备的心态吗？

而当时我的心态，不恰恰是那些用人单位、寻求合作的客户、买我稿子的人的心态吗？

我仔细回想了一下自己买衣服时的心态，并将它对号入座套在买稿子的人身上，结果我发现：

当客户在决定购买一件产品时，他永远都是先想这个东西到底好不好，自己究竟喜不喜欢，想不想要。而只有在真的想要的时候，他才会去想这个价格自己是不是能接受。

当客户觉得价位太高了的时候，他其实并不会扭头就走。他的第一反应会是："我能不能试着讲讲价，把价位压下来？"

所以，价格是永远都不会吓跑顾客与客户的，真正令客户担忧的往往是产品质量。

更有甚者，一件东西如果开价很高，反而会激起客户的重视与兴趣，有助于交易的最终达成。

三

我发现，不敢要高价的人，损失的可不仅是一些金钱，他们往往一边吃着哑巴亏，一边跳进了一个恶性循环。

拿我自己来打比方。

我刚开始投稿时，由于我自己不敢要高价，可怜巴巴地讨好人家说："50元一篇就行。"

成交是成交了，但我心里是很委屈的。

这种不平衡感让我回头给客户写稿子的时候也会很不用心，因为酬劳太少了嘛，付出得越多越感觉不值啊，那我就干脆随便对付一下算了。

于是，当我把这些随便对付出来的稿子最终交给客户时，客户一看，心里极可能会说："这小子的一篇稿子也就值50元。"

这样一来，我损失的可不光是第一次交易的那点儿钱，以后我都会很被动，很难有机会再要求人家给我增加稿酬。

相反的，当我对自己有了一个更加客观的心理认知，也更敢于把这份认知表达出来，跟人家开口要高价的时候，我就进入了一个良性循环。

假如我一开始要300元一篇，客户犹豫了一下，我们又来回拉锯了一番，最终定好：就300元一篇，以后如果质量好，每篇都可以300元以上，甚至更多。

这样一来，我回去写稿就会加倍用心。为什么？因为我得对得起一开始喊的高价啊！我自己可不能砸掉自己的招牌啊！在这种正向的心理激励下，稿子的质量势必会越来越好，客户也越来越满意，最终大家双赢。

四

敢于给自己开高价，敢于大声向对方宣告：自己的产品、服务、能力完全配得上开出的价码，并且，自己会为提出的价码负责到底，拿出质量够硬的东西来回馈客户，这可不仅是一种正向的自我认知建构，折射出的是一个人不将就的生活态度与人生姿态。

这样的态度伴随着人生活的方方面面。

我认识一个姑娘，人特别好，各方面条件都不错，但因为家庭原因，从小就缺乏安全感，挺自卑。

平心而论，她交往的第一个男朋友真的很一般，而且人品也有问题，但这个姑娘觉得自己要求不高，对方可能也会慢慢变好，再说好不容易找到一个，就先凑合着吧。

哪知她的男友对她百般伤害，且死不悔改。姑娘越凑合，男友反倒越不凑合。最终姑娘忍无可忍，不得不提出分手，结果还被身边的一些人误以为她吃着碗里的想着锅里的，各种难听的话都扔给她，让她崩溃了好长时间。

后来朋友经常跟她聊天，言语间不断地给她培养自信，告诉她："你好好的一个人，内心阳光，态度向上，又肯踏踏实实努力奋斗，找什么样的找不着呢？你完全配得上更好的伴侣、更好的人生！"

一段时间以后，这个姑娘自信心增强，择偶标准提升，找到了如意郎君，人生变得明朗开阔起来。

读者朋友们，不要畏惧竞争，不要怕被嘲笑，有梦想就去实现，有信仰就去捍卫。

你配得上更高的薪水，你配得上更高的职位，你配得上心仪的伴侣，你配得上闪亮人生……

放胆开口，放胆去追，然后拼啊拼啊，努力到让周围的人从跟你说"你这是狮子大开口"最终转换成"你太狠了，注意身体"。

CHAPTER

04

第四章
情感沟通篇

第一节
友情：想劝你一句不容易

　　有一位读者朋友对我说，她最近很苦恼。

　　她的室友喜欢上一位品行不端的男生，且无法自拔。

　　姐妹之间感情很深，全寝室的人都深知那个男生行为不检、作风不佳，但唯独她的那个室友对该男生一往情深，拉都拉不回来。

　　大家心里都明白，别人感情的事还是少插手为妙，以免涉入过多，惹人嫌弃，费力不讨好。

　　但眼见朋友一门心思地往火坑里跳，她自然也不忍事不关己，高高挂起。如果不及时阻拦，事后朋友吃亏，反倒会埋怨自己当初为何不给对方一些建议和引导。

　　这位读者朋友有心想劝一下她的室友，却不知该从哪下手才能既不招嫌，又能有效。

这个问题是大家在人际交往中普遍会遇到的困惑。其实，何止是伴侣选择，小到具体问题的处理，大到人生方向的把握，身边的朋友都会有一时间脑筋转不过来、钻牛角尖的时刻。每当这时，袖手旁观不是良策，怎么劝又是个问题。

那如何有效地劝阻朋友别干蠢事呢？

一、别问为什么，要问怎么了

我们在听到朋友或兴奋或激动地提及他的某个不太理智的想法或意愿，甚至是见他已经采取了一定的行动时，总会迫不及待地否定他，并问一句："你为什么这么做啊？！你干吗要这样？"

如此直接生硬地质疑，潜台词是在否定对方的态度和行为，然而任何人都不甘心被否定、控制，我们这样做出发点是好的，但很容易激起对方的自我防卫机制。

我们越这样逼问他，他反倒可能越来劲。你会发现，每当你一这样问，朋友总能给你找出一大堆理由。这样一来，不仅聊掰了，而且朋友提供给你的那些理由都变成了他说给自己听的理由，让他更加相信自己是对的。而我们也是一肚子委屈，泄气地说一声"你开心就好"，就任他去了。这样的沟通结果，可不是我们想要的。

下次再遇到朋友打算做蠢事或是不利于他自己的事的时候，劝阻他之前不要问他"为什么"，而要关照一下他的情绪与最根本的心理动因，问他"怎么了"。

比如，一个丝毫不懂得股票知识的朋友突然打算买股票，你知道这样做风险很大，想劝阻他。这时，就不要发问："为啥买股票？"而要先问一问他："最近是不是急用钱？生活上遇到困难了吗？"

这样一问，朋友感受到你的贴心与关注，就可能会把他的"苦衷"讲给你听，你就知道了他最初的行为动机是什么。接下来，你就可以从根本问题出发，与朋友一起分析问题、解决问题。如此一来，不仅劝说容易收到成效，而且你与朋友之间的情谊也势必会更上一层楼。

二、用疏不用堵，站在朋友这边一骂到底

很多时候，朋友可能与其他人闹了矛盾，想用过激手段报复对方。你想劝阻朋友不要那么做。

此时，应该怎么劝？

我们平时惯用的做法是，用理性的言语和态度苦口婆心地劝说朋友："你这样做是不对的！你要以德报

怨，你要辩证而客观地看问题，你不要激动。"

结果我们发现，我们越说，朋友越激动，不仅报复意愿更强烈了，甚至把你也牵连进去，对你咆哮："你到底站哪边的？怎么胳膊肘往外拐？"

这样的沟通结果就很不好了。

为什么会这样呢？我们换位思考一下，就能明白其中的原因。

假如你正处于怒火中烧的情绪中，有个你认为很坏的人惹恼了你，然后我走到你身边劝你："别生气，那个人不坏。你这么生气，是不对的，不好的。"

我估计你听完之后会恨死我。为什么？因为我的话把你的情绪给牢牢地堵住，憋死了，而且，在这件事中，我完全没有顾及你的感受。身为你的朋友，却仿佛一直在替对方说话，你不生我气才怪呢。

何止是朋友，这个问题更普遍地存在于情侣之间。

蓝天和子晴是一对情侣，但蓝天的一位女性朋友对蓝天表现得爱慕且热络，子晴当然会吃醋，甚至会说一些情绪化的气话。

这时蓝天应该怎么劝？就事论事？帮理不帮亲？这么做可就惨了。

子晴很可能会产生这样的想法："你果然是不爱我了！难道我没上过学？用你给我讲这些大道理！我情

绪失常还不是因为太在乎你吗？你一直坚定地站在我这边我会这样？我要你这个男朋友是用来听道理受教育的吗？拿着你的道理去和别人讲吧！我跟你在一起有什么意义？！"

这样就彻底闹掰了。

正确的做法，或者说效果更好的做法是什么呢？很简单，就一句话：站在你在乎的人身边，抱住她的肩膀，冲着空气向惹她生气的人和事发飙。

不要觉得这样做不够理智，理性的东西再正确，放在感情里都有可能是错的，或者说不合适的。更何况，对待激烈的情绪，最好的处理方式就是用疏不用堵，很多情绪的抒发只是为了寻求安慰与共鸣，并非真的要如何，情绪宣泄掉了就好了。

三、把计划在思想上演习到底

这是一种反其道而行之、以毒攻毒的劝导方法。

当朋友或比较重要的人情绪失控，想采取过激手段时，无论我们将后果说得多么惨烈，他都听不进去，而且我们越阻拦，他们会越逞强，越觉得自己应该那么做。

这时我们不妨换一种思维去"阻拦"，索性先赞成他的观点，再"兴致勃勃"地跟他梳理"动手计划"，计划越详尽越好，同他一点一点地分析前前后后的所有事情，注意，只叙说事实，不阐述自己的判断与观点。这么做反而容易收到奇效。

有一次一个女孩失恋了，痛不欲生，虽然我跟她素未谋面，只是网友关系，但她给我打了个电话，我不能见死不救。

我知道她并不想死，但凡告诉别人"我要死"的人都还是有求生欲望的。然而凡事总有万一，万一她真的想不通，一时激动做了傻事，那可就坏了。

当时我怎么劝她都没有效果，越劝她越觉得生无可恋。后来我干脆话锋一转，顺着她说。

我沉默片刻后叹了口气跟她讲："其实，照你这么一说，还真是那么回事。最爱的人都没了，活着还有什么意思呢。与其孤零零地苟延残喘，倒不如一走了之，轻松又解脱。至于父母什么的，就由他们去吧。他们怎么绝望怎么难受，怎么回想起你成长的点滴而痛不欲生，都不关你的事。至于说什么还有很多美丽的风景没看过，还有很多美好的人生没体验过，那也没什么。那些美景就交给别人去看。虽然一生还剩那么长时间，新奇的事物还有那么多，可估计也是大同小异。要是死的话，咱们得找个痛苦最小的方式去死……听说连吃安眠药自杀都会疼呢。我们好好想一想，怎么死……"

她听到我这话忍不住笑了。现在她已经有了新的男友。

四、非人情关系的傻事，要当头棒喝，力挽狂澜

当朋友遇到了一些非人情关系的状况，即将踏入火坑做傻事，我们应当怎么办？虽然这种情况发生的概率不大，但值得警惕。

记得那是我在读大学二年级的时候，我的一位好朋友拉我出去做兼职，说是销售工作，进去之后才发现，就是个变相的传销组织，伪装起来发展下线，骗学生钱。当时我那位兄弟已经深深地着了道，当局者迷，沉浸其中。而我虽然看出端倪，第二天就退出了，由于不愿与朋友产生正面的观点对立，就对他听之任之了。

最后我那位朋友也迷途知返了，从传销组织全身而退，但我每想起这事，都是又后怕又自责。如果他真的深陷进去，赔得血本无归，我作为他的朋友却没有劝阻他，必然良心上过不去。

说来也巧，有一年，我爸的朋友也陷入了一场骗局当中，并跟我爸说利润有多么多么大。结果我爸一反常态，在电话里劈头盖脸将那位叔叔骂醒。虽然当时两

人发生了争论口角，但事后那位叔叔感慨万千，并打心里感谢我爸能够给他当头棒喝，此后两人的情谊更加深厚了。

在朋友已经深陷危局的时候，在前几种方法都已经不灵光的紧要关头，用冷水将朋友泼醒，既是我们有效的手段，更是我们应尽的一份挚交的责任。

第二节
爱情：有时"对不起"不能解决问题

子晴和蓝天吵架了。

蓝天作为公司策划部的一名职员，在一场宣传活动中因为人手不够，自己也被推上台客串角色。公司同事娜娜对蓝天一直有好感，在那次活动中也主动登台，热情互动，两个人的照片也被好事者拍了下来。虽然没有什么出格的举动，但子晴发现那些照片后还是没能控制住情绪。

"你的那些照片是怎么回事？"

"没什么啊，就是搞个活动。我也不想啊，可他们非要拿我凑数。"

"哼！"

"这有什么可生气的啊？很正常啊！"

"正常？我生气！"

"好了，好了，我错了行了吧？"

"你什么态度啊？"

"我什么态度？你还要我怎么样？我不是认错了吗？"

"那你说说，你错哪了？"

"能别这么问吗？我哪知道自己错哪啦！你就是小心眼，莫名其妙。"

"我莫名其妙？我小心眼？好，你觉得谁好你找谁去吧！"

"哎！你怎么这么不讲理啊！是我没说明白吗？那天的情况明明就是……"

"我不听你解释！我不听！气死我了！"

"爱听不听！我一天到晚容易吗？在外边打拼得那么累，回来还得照顾你的情绪！我受不了你了！你爱怎么样就怎么样！"

"要不然分手吧！"

"分就分！谁怕谁啊！"

…………

在这个案例中，子晴觉得自己没有错，她只是想通过蓝天的态度，感受到自己在他心中的重要程度；而蓝天呢，他更觉得自己是清白无辜的，毕竟事实就是如此，没发生什么就是没发生什么，对不起也说了，歉意也表达了，子晴还不依不饶、无理取闹，那就干脆由她去吧。

双方这样的想法，恰恰代表着男女两性在处理矛盾时的态度分歧。女生比较倾向于诉诸感性，渴望安全感与被认可感；男生往往倾向于诉诸理性，摆事实，讲道理，除非事实真的能推演出他们错了，否则，即使是道歉，他们觉得总是自己在忍让，口不对心。

如此看来，男女双方发生矛盾后真的就无解了吗？也不尽然，只要男生稍对女生情绪予以了解，调整一下表达方式，完全可以满足女生的精神诉求，会让双方的情感裂痕重新弥合，让误会消失于无形。

接下来，我们来看一下女生在对此类问题发脾气时，具体的情绪流程是怎样的。

子晴发现了蓝天和娜娜的活动照片，第一反应是愤怒，这是人之常情，任何人看到自己的伴侣和其他异性有比较亲密的行为时都会感到不舒服。而在接下来的一分钟里，理性开始压制她脑海里的愤怒与猜疑，自我开始安慰本我：算啦，可能是出于工作需要嘛，可能是不得已而为之嘛……

经过这一阶段的思想斗争后，感性与理性基本势均力敌。

子晴也知道事情没想象的那么坏，但她对于自己在蓝天心目中的地位开始有点儿拿不准了。

拿不准怎么办？她需要通过行为来验证。

于是子晴质问蓝天："你的那些照片，到底是怎么回事？"

注意，此时的子晴虽然问的是照片，但她真的是为了搞清真相吗？不，她对事情到底怎么回事已经有了大致的把握。子晴关心的是："我这个情绪释放的行为，能得到一个怎样的反馈？如果是正向反馈，证明他心里有我；如果反馈是敷衍的甚至是负面的，那证明我对他来说并不重要。"

千万别因此觉得女生幼稚，在爱情面前我们都是孩子。

在这时，不明内因的蓝天从男生的惯用视角出发，说了一句："没什么，只是搞个活动，他们非要我上去凑数。"

这句话理论上讲对吗？当然是对的，也的确是实情。

然而问题就出在这儿。

男同胞们，谈恋爱不是搞辩论、做报告，并不是"正确"就是好的，一味追求理性上的正确就是感情上最大的失误。

女孩子是需要关注与呵护的，在这个过程中，关键不在于你手里有什么，而在于对方内心需要什么。

子晴此刻需要的不是事实的反复陈述，更不是由一大堆证词论据推测出蓝天是对的。

子晴的真实想法是："麻烦你低个头，温柔点儿，耐心点儿，告诉我我在你心里最重要。我不需要你证明自己多么对，你把自己证明得那么正确，那不就真成了我小心眼、无理取闹了吗，那样你不就更讨厌我了吗？"

经过第一回合的试探，子晴心里更没底了，更不清楚蓝天内心的天平是在朝着哪一方倾斜。

于是她开始第二轮情绪宣泄，说道："我生气！你什么态度啊？"

其实子晴在此已经暗示得很明显了，她试图通过这些话提醒蓝天："我生气了，你应该过来哄我。"

然而蓝天的脑海中则是这样的逻辑链条：她生气了→她为什么生气→找出她生气的原因→把生气的原因抹杀掉→她就不会生气了→整个世界回归和谐。

于是，蓝天自己挖了个坑跳了进去，说道："这有什么可生气的啊？很正常啊！"

蓝天的想法很简单，他试图通过证明事情本身的正常来让女友也认识到事情的正常。他觉得只要女友也觉得很正常，她就不会再追究了。

但最关键的是，子晴要的压根儿就不是这个啊！解释得合情合理于她有什么用呢？——"即便我最后也信服了你的辩解，但我心里的疙瘩你还是没帮我解开啊！我的问题是——你到底重视谁。"

可怜的蓝天，鬼使神差般地避开了所有子晴关心的点，成功地一遍又一遍强调自己话语的严谨性和准确度，始终坚持认为："我对了，子晴就会理解我，就会依然爱我。"

而在子晴看来恰恰相反："蓝天啊蓝天，你把自己证明得那么对，不就是在变相地说我不识大体吗？你证明得越对，我在你心里的地位会下降得越低……"

终于，怎么也想不通搞不懂的蓝天忍不住了（男人遇到问题总想快刀斩乱麻）。"不就是道歉吗？我说声'对不起'就行了，那就说呗，说完了赶紧结束。"蓝天这么想的，也这样做了，他给子晴道了歉，发现子晴还是不满意。于是他脱口而出："你就是小心眼，莫名其妙。"

"正中下怀"啊，此刻的子晴正从言语里捕捉着蓝天对她的判断与认可度。蓝天的结论性言辞被她照单全收，她终于判断出自己在蓝天心中的分量，失望又崩溃地做出最后的试探："要不然分手吧！"

蓝天还自己在那儿绕呢，突然听到这话简直惊呆了："我一天累死累活的，你居然找茬说分手？！好，我是个男人，不跟你计较，咱分就分！"

子晴彻底傻了，蓝天也彻底懵了，两个都想让对方更爱自己一点儿，都想证明自己存在价值的人，却竹篮打水一场空，两败俱伤。

其实任何女孩要求男友哄哄她，向她道个歉，低个头认个错，都不是真的想证明自己多正确，对方多不对，而是仅仅想证实自己的想法正确："你还爱我，还在乎我，你为你表现得不够爱我而深感自责。"

女孩想说的话和想听的话是——

你说你不常联系是因为太忙，没及时赶来是因为堵车，跟别人合影是因为工作需要，谁在乎啊？这些道理是个人就懂——难道我不是正常人吗？我不想让你解释你"因为什么而做这样的事"，我只想听你说一句："我做这样的事，让你感到不安，没安全感，让你怀疑了我对你的爱，是我的不对，更是我的损失，我自责又难过。"

千万记住：遇见女孩发火的时候，别急着去救火，情绪发泄也是女孩经营感情的一种方式，有些火真的是需要发出来的，发完之后就好了；别总试图去扑灭它，别手忙脚乱地堆砌证词，让她的情绪毫无施展空间，这样她会窝火，而窝火比发火要难受多了。

其实处理感情中的矛盾局面并不难，只需要你稍稍留意一下对方的心思，考虑一下对方内心的真实需要，再说一些对方真正想听的话，就好了，远没有我们想象的那般复杂。

爱一个人，就要给对方更温柔、更善意、更贴心的交流体验，感情当中并不是很讲对错的，真的像是一加一等于二那样直接的话，就没必要称之为"感情"了。男生下次再遇到女友发火时，切记：一不要否认，二要反复重申对方在你心里的重要程度，三要疯狂示爱，告诉她她对你来说无比重要。

当然，也请女生们对男同胞的不注重情感细节的普遍缺点有所体谅，有时男生说了一些比较冷漠的话，其实仅仅是因为他们觉得没必要解释太多，在他们看来，只要把爱落实到行动上，就可以了。

理解万岁。

第三节
亲情：做好这件事，拉近彼此的距离

　　家和万事兴，下面说一说如何舒心地与父母电话沟通的问题。

　　有人说打电话还不容易吗？抓起来就打呗。但出门在外的你肯定有这样的体会：一是拨通电话本身就是件难事儿，总是忙，总是往后推，结果推着推着你就忘了；更重要的是这电话即便通了，常常也是说了几句就没得说了，父母年纪大，我们和他们之间的共同语言少，他们又总觉得我们还是孩子，总对我们不放心，总对一些简单的事情嘱咐再三，让我们不知如何回应是好。

　　该怎么办呢？

　　在这里提醒大家：千万不要抱着逃避或抗拒的想法来对

待父母来电,这不仅不礼貌、不孝顺,更不是解决问题的方法。

父母之所以担心我们,很重要的原因是,随着我们长大以及同他们物理和心理距离的逐渐扩大,他们和我们的沟通机会日趋减少,他们害怕"失去"我们。

在这种情况下,我们越是不搭理父母,父母就越不放心,对我们的一些事情也就越爱插手,到最后大家都不痛快。

多打打电话,多让他们知道关于自己的一些情况,这不仅是个好方法,更是我们做儿女应尽的义务。

具体电话怎么打,怎么打更有效,提醒大家注意以下几点:

一、用细节让他们安心,具体地交代一些小现状

父母很担心我们过得好不好,往往电话拨通后上来就问:"最近怎么样啊?吃得好吗?睡得好吗?身体好不好?工作顺利吗?"

而我们通常会怎么回应呢?"嗯,好,都好,还行吧,都挺好。"

这样的回复倒是很方便,但大而笼统,这会让他们觉得我们是在搪塞敷衍,觉得我们是在说善意的谎言,

会让他们更不放心，

如何让父母的关心得到满足和宽慰呢？很简单，只需要我们在通话里加上那么一点点的小细节，把话说得具体一点，就好了。

譬如，我们可以这样回答："最近一切都好，水果常吃，身体不错，偶尔会感冒，但也更加注意保暖。工作比较忙，但很充实，每天睡得稍晚，但我已经做好计划，忙完这星期，以后每天都11点前入睡……"

这样传达信息，虽然里面包含着一些不太令人满意的成分，但也恰恰是这些无伤大雅的细节，让父母觉得我们是在认真作答，是在说实话。同时，我们这么说，相当于把话留了一点儿给父母，让他们有机会再说点儿什么，再提醒我们还要注意哪些，从而将沟通继续下去。

二、用咨询使他们舒心

父母老了，儿女的某些言语、态度、行为往往会让他们感到失落。

那你有没有想过，他们失落的点在哪里？

细心观察你会发现，这种失落来自于他们对我们的一种失控感和无力感，总觉得孩子长大了翅膀硬了，自己再也不是权威，一时间无法适应这种角色转换。

　　有人说，对啊，也就应该是这样嘛，父母本来就不该是绝对权威啊。理论上这么说没错，但现实是，中国的父母对子女的管理没有西方的父母那么宽松，没那么放任，但在子女的成长中，中国的父母给予我们的支持与照顾也确实比西方的父母多。所以，我们不能在享受权利的时候来者不拒，履行义务的时候却引经据典。

　　每个人都是独立的生命个体，这没错，但这一点都不妨碍我们让父母的精神得到一些抚慰。（你可以不让他们干预你的生活，但发个纪念奖安慰一下，给他们一种"我仍然蛮重要，我还是有用的"的幻觉也是好的啊。）

　　在每次我们跟父母通电话的时候，不妨准备两三个无关痛痒的问题咨询一下他们的看法和建议，这样我们的领地既没有被侵犯，他们的自尊心也得到了满足，两全其美。

　　比如你可以问——

　　"哎，妈，那个××汤，怎么煮来着？"

　　"爸，我倒车的时候总是剐蹭，你告诉我需要注意些啥。"

　　…………

　　因为你什么也不问，他们总打听，你问太有深度的问题，他们又不了解，所以拿出一些小问题咨询他们一下，你也顺心，他们也舒心。

另外，要提醒一点，那就是如果真的有一些自己转不过弯、想不通的问题，你还没经历过，那就不妨试着问一问父母的看法。不要吝啬这个机会，虽然最后的决定权在你手里，但咨询一下他们的看法仍是有好处的。

和大家一样，我也特别向往自由，也对长辈们所说的"我吃的盐比你吃的米都多"回复过"我朋友圈点的赞比你吃的盐都多"之类的话，但日子长了就会发现，很多事情父母通常会有更长远的见解。我们可以不羁，可以狂，但别随手就抛弃这个"参谋部"，很多你觉得不咸不淡的道理，事后会发现：嗯，还是有道理的。

三、用对比使他们开心

父母给我们打电话，除了关心我们之外，其实还有一点点的小私心。他们希望从我们这里获取一些谈资，以便跟其他朋友见面时有话聊。

为人父母最喜欢聊儿女，有时又会像老小孩一样相互攀比：我家闺女如何如何，我儿子最近又怎样怎样啦。这是他们为数不多的能感到兴奋的地方。

不要把这件事放大到虚荣的层面上去理解，这是很正常的，就像我们小时候，不也是喜欢跟小伙伴们吹：

"我爸爸是全世界最厉害的人，我妈妈给我做的鞋，我穿起来能绕地球跑一圈！"一样的道理。

在通话中我们可以适当地向他们报告一些好消息，尤其是相比于其他小伙伴，你更加如何如何的好消息。

但有两点千万注意：一、不要一味地报喜不报忧，一方面太假了，另一方面，给你自己带来的压力也很大，适当说一说好消息即可。二、自己可千万别信了假象，别真觉得自己最好，其他人都生活在水深火热之中，多少有点儿忧患意识，否则就是自欺欺人了。

需要提醒大家的是，以上说的，是儿女层面的正向攀比，这方面可以说一说，但涉及父母间的比较，千万不要提。

有时候我们也是无心一讲，随口一说，在电话里跟父母提到哪个小伙伴家里有钱有势，给介绍了一个特牛的工作，买了大房子，谁谁谁的爹妈又给他们家孩子做了哪些事，让孩子少奋斗多少年什么的。

这些被我们当作谈资来说的话，对父母情感的杀伤力真的特别大，没有什么比"我真没用，给不了我孩子最好的一切"这种感觉更让他们难过的了。

其实理智地想一想，每个父母对孩子的爱都是等同的：别人家的爹有一个亿，分给孩子一千万；我们的父母虽然只给我们一万元，但他们手里也许只有一万五啊！这笔账应该这样算才公平。

四、权力反转，让他们觉得你长大了

我们在跟父母通电话的时候，常常不自觉地把自己放在被动的地位。但孝顺不等同于顺从，对于很多事情，我们同样有发言权，而且务必充分地使用这些发言权。

这里有个很有意思的规律：父母一方面希望孩子听他们的话，一方面又希望孩子比他们强。

一个人真正的成长，从某种意义上说是在不断地挑战父母权威的过程中展开的。当我们一点一点走出父母伟岸身躯投下的阴影，也就一步一步地成人了。

此时大家不要"手下留情"，在一些能看出你的进步、你的成熟、你的理性的领域里据理力争，综合考量各方因素讲给父母听，父母当时可能会不舒服，但事后都会感到欣慰：孩子是真的长大了啊。

当然我并不是鼓励大家去和父母吵架，而仅仅是提醒大家，在涉及人生方向与选择等重大问题，需要与父母沟通的时候，既不要唯唯诺诺，也不要针锋相对，而是要用自己的积淀，客观中立的态度，以及一路上所收获的美好品质去打动父母，让他们看到你的进步。

另外，父母总是唠叨我们要注意身体，要如何如何，你有没有想过，你也是大人了啊，他们嘱咐你，你也可以嘱咐他们、唠叨他们啊！

"你看，我不是刚提醒你们要多穿衣服吗？怎么又感冒了？这么不会照顾自己？能不能早睡，打什么麻将？偶尔玩玩行，别一坐坐一天啊！"

这些话，你是可以说的，而且要放胆说，父母被你唠叨通常是感觉甜蜜的，甚至他们还会反省一下：被唠叨好烦，我是不是太唠叨了。

总而言之，父母不可能指望我们促膝常伴，这也不现实，他们能陪我们走过的时光满打满算加一块儿还有多久呢？我们应该对父母经常做的，而且也容易做好的就是：保持通话，好好说话。

CHAPTER

05

第五章
冲突沟通篇

第一节
吵架的"正确"方式

如何"正确"地吵架,如何将冲突消解,甚至是如何利用这种非常规沟通活动促成问题解决或获取某种收益,这是一个方法性的问题。

一、偶尔发火更健康

首先要带大家扭转的一个思维惯性就是:发火,并不可怕,更不可恶,它很正常。

我们普通人在生活中习惯隐藏自己的情绪,尤其是负面情绪,以期不伤和气,并达到自己的沟通目的。但是:

第一，这很容易憋出内伤。

第二，发火也是一种沟通的手段，它能够表达出一些常规方式无法准确表达的信息与观点。

第三，我们常想把火压住，以避免同交往对象交恶，然而起到的效果往往适得其反。

我们常在生活中看到这样的例子，或许自己就经历过，跟对方聊着聊着，不高兴了，对方问："你生气了？"这时我们的第一反应是什么？通常我们想都不想就向对方表态："没有，我没生气。"

这时，问题就出现了，我们否定了自己的情绪，告诉对方自己没生气，由此局面完全被对方主导，我们相当被动。

为什么？因为对方知道你不爽，而你却口口声声说"没生气"，那对方就有两种回应方法。

第一，没生气怎么用这种语气说话，不可理喻。——对方反而占理，我们只能吃哑巴亏。

第二，对方"哦"一声，继续揣着明白装糊涂，继续让我们不爽。——我们全程吃哑巴亏，被一伤到底。

所以，否定自己的情绪，既不健康，也不明智。要知道，发火跟哭泣一样，是上天赋予每个人调节身心的权利，偶尔为之无伤大雅，只要别天天如此就好。

二、发火时要掌握好节奏与姿态

有的读者朋友看到这里可能会说："啊？生气发火都要讲究姿态与节奏，这做人未免也太累了吧？"

先别急，我们讲姿态与节奏是为了让你发的火对双方都起到最佳效果，而且也并不复杂，只需要稍加注意即可。

我从不讨厌发火的人，人没有绝对的善恶好坏，谁也不会随便就发火，往往是对方触碰到我们的原则底线，伤害到我们的利益，我们才不得已而为之。

你也许经历过这样的窘境：有人说话很滑头，净跟你打擦边球，那个度掌握得既能气到你，还总让其他在场的人觉得不是什么大事，但你难受你自己知道。你先是忍啊，憋啊，最终忍无可忍，爆发了。这样场面立马变尴尬，大家会觉得你很没趣，而如果对方此时来一句："哎，你看，我就是开个玩笑嘛！怎么一下子就翻脸啦？以后可不敢跟你开玩笑了，你是老虎屁股。"这对你简直就是必杀技，你形象暴跌，而对方宽容、温和、有趣的形象耀眼夺目。

如何避免跳进这个沟通陷阱呢？

建议大家：把握好发火时点，将内心活动部分外现。假如对方真的有话说得不妥，你不要全程隐忍，而是要适当地透露出这样的信息：对不起，你惹到我了。

用什么样的方式传达这个信息呢？一方面，你可以直接用话语表述，但要注意语气。比如说对方一再侵犯你的底线，你可以半开玩笑地说类似这样的话："亲爱的，你这话说得可就有点儿过了哦。"这样做既不毁形象又能达到效果，但凡有点儿情商的人都能听出画外音。如果怕发挥不好也没关系，你还可以选择用表情或肢体语言来表现。比如说对方有句话让你不舒服，你可以收起笑意，做个略微严肃的表情，不接他的话，让他刚说出的一句话在空气中晾几秒钟，然后直接转换话题。这样对方即便略有尴尬，也能心照不宣，知道你的禁区在哪里了。

三、逆向思维，将发火置之死地而后生

最高明的沟通技巧是真诚，这是一种无招胜有招的技巧。接下来，就用"如何发火"这个例子带大家看一下真诚能带来什么效果。

女孩跟男友沟通时，假如男孩惹到女孩，女孩一忍再忍，忍无可忍时突然火大，男孩有可能会指责女孩："哎呀，你看你，莫名其妙，随随便便就发火。"

聪明的女孩应该这样做：

在感到愤怒时，先"通知"男友：我生气了，我要发火了，你给我准备好，待会儿我火气收不住了，你可要记得哄我！这样一来，一方面男友有了心理准备，另一方面他觉得你爽快又可爱，知道你只是一次情绪抒发，自然不会拿道理去压你，因为你已经成功释放出这样的信息：我只是想疏导一下情绪，我不是要听大道理。

对于男生来说，这样的消解方式同样适用，只是场合与语气稍有不同。

男人是比较喜欢独立解决问题的动物，有事总想自己静静，一个人去面对所有负担，而且比较惨的是，男生还不擅长流眼泪，满腔挤压的情绪在日常是没有常规的排解渠道的。这就会导致一个现象：对男生来说，要么不发火，一发火就是爆炸型，先伤己再伤人，对方无论是同性还是异性都表示难以接受，因为他们不知道你心里的其他苦衷，还觉得你是对他们的为人有看法、有意见。

男人在发火前，也可以采取真诚的"消音"方法。比如你和朋友聊天，你可以先说一声："最近挺烦的，挺闹心，我说话要是粗鲁的话，你有个心理准备。"接下来，你所说的话再怎么不讲理，对方也能理解。

再比如你和亲人说话，如果真的忍无可忍，先停顿两三秒，深呼吸一下，然后告诉对方："我现在在气头上，如果说话难听你甭搭理我。"这样，那些你在乎的同时也在乎你的人，一方面有了心理准备，另一方面也感觉到：你既知情知趣，又在难受的情况下还考虑着他们，很贴心。

采取这种交流方法，还有一个被我们忽略掉的好处，那就是你输出的信息到达率会加倍提升。

为什么呢？试想一下，如果你在毫无征兆的情况下发火，你说的话在对方来看都是"情绪话"甚至是"糊涂话"。而对方即便表面上表现得多接受，心里也是不买账的，因为在对方看来，你的话都是一时的情绪宣泄，不必要认真对待，当成耳旁风就行了。

然而，如果你真诚一点儿，先把气场压下来，告诉对方自己真实的心境，坦诚地表达出自己压力大，心情不好，甚至明明白白告诉对方自己正在气头上，会说出一些不好听的话，希望对方不要介意。

这个时候，你越告诉对方不要介意，对方反而会越关心你接下来要说的话语内容，就像酒后吐真言一样，你主动把铠甲脱掉，对方的心理防备也会大幅降低。这时的沟通事半功倍，对方的心态也成功地由"我让着你"转换到了"我想听听你，了解你，懂一懂你"。

第二节
说话常得罪人，怎么办

说话得罪人的现象简直是太普遍了，这个不用我多说，相信你看到这句话时脑海里就会自动浮现出许多一言不合的画面。

又或者，你跟某人聊天，聊的时候感觉都挺好，过了一段时间，你发现对方不搭理你了，你也不知道是哪里得罪了他，或是哪句话伤害到了他。

说者无心，听者有意，这世界上每天不知有多少份被语言伤害的亲情、爱情和友情。

这让人不禁感叹：说话有风险，开口须谨慎。

那我们应该如何做，或者是多注意哪些事情，才能把得罪人的风险压到最低呢？可以从三个方面着手。

一、起步阶段：用信息挤走观点

有位读者朋友找到我，说他说话经常得罪人，这很要命，比这要命的是，他还是个话痨，所以，让他少说两句又完全不现实。为此，他苦不堪言。

这位读者的情况跟我妹妹很像，我妹妹天性活泼，快人快语，从小家人都对她宠爱有加，一直都由着她性子来，每当她话语放肆，大伙都一笑了之，不纠正，不责备。可时光荏苒，妹妹长大了，接触了越来越多的"外人"，这时问题的严重性就出现了——外人是不管你天性不天性的，你说话难听，我就疏远你，甚至恶语回击。

妹妹很苦恼，经常找我聊天，结果我也悲哀地发现，我们俩在一起的和谐时段往往不超过5分钟。在这5分钟内，我都得"中箭"无数，超过5分钟后，我们的"毒舌女王"就开始爆发，我根本接不了招。但习惯是从小养成的，你建议她大幅降低说话的量，她做不到，也不舒服。更何况，在很多场合，并不是一句"沉默是金"就能让你全身而退，该说的时候不说，同样也会得罪人。如何是好呢？我给妹妹提了一个小建议，那就是：多说信息，少讲判断。

我们所有的沟通行为，或者具体到我们所有的谈话内容，其实包含的无外乎两块：一块叫信息，一块叫观点。

对于话痨来说，在内容输出总量恒定的情况下，将信息的比重调高，将判断的比重降低，就会减少甚至避免言多必失的风险。

打个比方：我高考刚结束，不知道选什么专业好，你是我的朋友，我想找你聊聊。

这时，如果你说的判断很多，信息却很少，就很容易跟我产生分歧，甚至得罪到我。比如你这样说："要我看就应该报××专业，在我心里除了它，其他专业学了跟没学一样，白花钱，瞎耽误工夫。"

好了，话说到这儿就没必要再聊了，因为聊下去难免脸红脖子粗。

如果话语总量不变，只把信息和观点的比重调节一下，效果就会截然不同。

比如，你可以多和我聊聊部分专业的初次就业率和二次就业率，未来的发展前景和进步空间，哪几个行业是朝阳型的，哪几个行业已经日落西山，这些大多都是客观事实，或是你引述的一些数据和例证，很少夹杂个人的主观判断，这就让人很舒服。

为什么？道理很简单，信息的部分是最安全的，该怎么样怎么样，都是刚性的东西，大伙都认，中立、全面且客观。但观点与判断的东西，伸缩性太大了，这里面包含着数不清的分歧点。这是一块雷区，最容易出现不同的偏好导致不同的取向，所以，应避免把这个区域当成你的话语发挥空间。

有读者可能会说："不行啊，有时候对方真的要求我给个意见，或者有时候我真是控制不住想当一回人生导师……怎么办？"

这很简单，仍然多说信息，少亮观点，因为你对信息的筛选就已经隐含了你的个人意思和判断。

"我想追求他，他人怎么样？"

"这个我不太清楚，我经常看他给所有女同学群发微信。"

在这段话中，你就通过告知信息表明了自己的观点，因为那个男生的优点你没有说。永远不要心存替别人拍板的念头，对方跟你聊，大多只是想从你这面镜子里看清人世的某一面。

二、日常沟通时，尊重对方的存在价值

在我们日常的常规交流中，所有得罪人的现象究其内因都可以归结为一点：没有尊重对方的存在价值。

如果说前面跟大家谈的信息和观点的内容还只是技巧层面，治标不治本，那在这部分，主要跟大家聊的是一种内在的原则和理念，也就是要始终提醒自己：聊天时，要充分尊重对方的存在价值。具体建议有两点：

第一，否定事情，不否定人。

我们最容易在什么情况下得罪对方？往往是对方觉得我们高他一等，往往是我们给人一种盛气凌人的感觉的时候。而我们之所以给他人这样一种不好的感觉，很多时候都是由于我们没有把"事"和"人"分开来说。

比如，你刚去完卫生间，没洗手，回来抓起一块蛋糕就塞进了嘴里。

然后，我对你说："你真恶心。"

你会很舒服吗？不会的，你恨死我了，因为我一棍子打死，直接否定了你的存在价值——你事情没做对，我直接说你这个人有问题，你当然不乐意。

但如果我这样说："你忘记洗手了，手上有细菌，直接抓食物吃细菌会带进嘴里，这样对你健康不好。"

你就没脾气。为什么？因为我说的都是事实，全程都在就事论事，我没有对你的人有什么微词，自然也就不会得罪你。

正常说话是这样，吵架也是如此。很多时候一方直接否定另一方的存在价值，上来就是一顿人身攻击，而不说事。这样做，对方多半会这样想：好啊，我在你眼里都这样了，那你还跟我好？你不是好人吗，我不是坏蛋吗，好的，你自己做好人去吧，离我这个坏蛋远点儿。

这样场面立马就僵了。

表述不清楚，人和事混着聊，区分不开，不得罪人才怪啊。

第二，少以自我为中心，多用同理心。

如果大家不清楚自己说哪些话容易得罪人，那我们可以倒过来想一想，别人在说什么样的话时比较容易得罪我们？这很容易，因为我们可以轻而易举地列出别人的无数条"罪状"。扪心自问，这些别人说出的难听的话，我们是不是也在说，在以后的谈话中我们就会有所选择、有所取舍了。

而经过长时间的梳理后我发现，别人说话让我不舒服的时候，大多都是他们在说一些以自我为中心的话的时候。比如：我不管，反正如何如何；我觉得如何如何；我的原则是如何如何；我想要如何如何……全程跟别人没丝毫关系，使用频率最高的词就是"我"。

有读者可能会说换位思考好难做到，那不妨退而求其次，做到"看起来是在换位思考"。

什么意思呢？

比如：你和别人合作完成某项任务，别人的部分做完了，你还没做完，他过来催你，让你快一点儿。这个时候你想表达这样的意思：我有我的苦衷，我确实是仪器出故障了。可是，你想都没想，直接就说："你着什么急？我不是仪器出故障了吗？"然后，又将一大堆道理反弹给对方。这时在对方看来：一、你说的都是借口；二、我的意思你没听，你只顾说你自己的了，我很憋闷，你不通情达理。

但是，如果你换一种表达方式，起码在形式上让对方觉得你考虑到了他的处境，效果就会大不同。你可以这样说："嗯，我了解你的处境，咱们时间确实紧，你先做完了，如果我进度很慢确实会给你拖后腿，让你吃哑巴亏，但现实状况是，我这边仪器出了点儿故障，我也在抓紧做，咱们相互体谅。"你这样说，对方是挑不出任何毛病的，而且简单的一句话又把你们拉回到了同一战线，你们成了利益相关的共同体，他也许还会帮帮你。

而无论是我们前面讲过的否定事情不否定人，还是刚刚说的多用同理心，它们内在的原则、理念都是统一的，即尊重对方的存在价值，将对方看作和自己同等重要，同样是有血有肉的生命个体。

三、一言不合时，批出保护装备

关于怎样说话不得罪人，前面跟大家聊了很多，最后一点虽不是一个很成熟、很完善的建议，但确确实实是一个非常非常重要的提醒，因为它太容易被我们忽视了。

大家有没有发现，生活中我们真正说出的话，其实占不到自己内心真实想法的一半，我们在交流沟通时，会下意识地省略掉一些话语。

比如我想往东走，你知道东边的路不好走，你会怎么说？你可能会直接递过来一句："我是为你好，你一路向西就行。"

再比如：你妈妈过生日，饭桌上气氛很欢乐，大家提议你敬妈妈一杯酒，说几句。你会怎么说？你通常会觉得很难为情，直接来一句："全在酒里了，干杯！妈，谢谢你。"

又比如：你做了一件伤害别人的事，闹得很僵，你想挽回这份情谊，需要向对方道歉，跟对方聊一聊。你会怎么说？你下意识觉得，朋友之间用不着说那么多，直接甩过去一句："哎，对不起。"

问题出在哪里？问题就在于你提前在心里就设定好了，对方是完全懂你的内心活动的，于是你只把话的冰山一角说了出来，剩下的全部交给心照不宣了。

我们要面子，我们喜欢藏一半露一半，我们怕难为情，我们觉得话多了矫情，这是我们很多人的共同特征，说严重点儿是通病，我们太不屑于表达感情。

你要记住：任何事物，在钟摆的两个端点时都很好，反而是一半这样一半那样最容易出问题。

完全幼稚的人大家不会讨厌，那是本性；完全成熟的人大家不会厌恶，那叫知性。半生不熟，把世故当成熟的人就很让人不舒服，就没人爱搭理。

同理，不怕你沉默，不怕你半天都挤不出三言两语，更不怕你坦诚相见，释放充分的、全面的信息，怕就怕，你说一点儿藏一点儿，误以为所有人都能完全理解你的言外之意。不可能的，人家要都理解的话，还用你说吗？

讲这一点是为了告诉大家：如果环境要求你不可以沉默，同时你又做不到前面所说的少说观点多说信息，又想说话不得罪人，那这最后一条也能救你，就是：和盘托出，释放充分的信息，把真实的自己展现给对方，让对方了解你的讲话初衷和话语背景，让交流公开透明，让沟通在阳光下进行。

时时提醒自己一点：很多事，你不说，对方是真的不知道的，你不把来龙去脉交代清楚，还想让对方包容你、懂你，这多半会形成一种很尴尬的结局。

第三节
拒绝的艺术与技术

美国有一部著名影片，叫《好好先生》。金·凯瑞饰演的男主人公在生活中千般不顺，更是对各种变化兴致寥寥。

后来他参加了一场活动，并达成许诺——在今后的生活中，只能说Yes，不能说No。也就是说，对他人的要求，他只能答应，不能拒绝。

这样的做法一开始给他的生活确实带来了不少好处，人缘更好了，事业更顺了。然而天长日久，做一名好好先生的代价渐渐涌现，不光是疲于应付，周遭的一切也越来越失控，最终主人公受不了了，他发现一切不是Yes或No那么简单……

是的，谁也不能当生活里超脱的看客，我们要懂得取舍。

每当我们想要拒绝别人时，我们常会抱怨：哦，我不好拒绝；天啊，我不会拒绝。由此看来，说"不"，不仅需要勇气，还是门学问。

太多的人告诉我们要勇于说"不"，但很少有人告诉我们如何说"不"这让人心里很没底。

下面我们就聊一聊如何把"不"字有效而得体地讲出来，在三种假设情景下如何拒绝别人。

一、当有人朝你借钱时

我们经常能遇到他人来找我们借钱的状况，金额大小不等。

有时，对方跟我们半生不熟的，我们不太想借；有时，对方虽跟我们关系蛮近，但恰逢我们手头也不是很宽裕，直接拒绝又怕伤感情。那面对他人借钱时，如果你想拒绝他的话，"不"字应该怎么说呢？

1．少借不如不借

在将拒绝的话说出口之前，希望大家先在心中确立起这个原则理念，那就是与其借一点儿，不如一点儿都不借。

为什么呢?

当一个人来找你借钱,而你又相当不乐意借给他时,这时在你心中,你们俩的关系远没有达到那个份儿上;而他既然能找到你借钱,说明在他的判断里,你们俩的关系亲密程度比你想象的要高得多。在这种情况下,你心中对这段关系所能承载的借钱数额可能很低,假如是1000元,而在对方心中,期待值会比你高很多,很有可能是10000元。

这时,如果你不想借给他,又不好意思生硬拒绝的话,那后果很可能是:你选择折中,答应借给他5000元。这样一来,你觉得自己挺委屈,而对方压根就不领情,因为这没有达到他的期待值,他接受你的5000元,只是觉得自己不想跟你多费口舌。

2. 先问原因,别问金额

每当有人找我们借钱,甭管对方是谁,我们自己愿意不愿意,我们都会脱口而出问一句:"借多少?"对方只要一回答,我们拒绝起来就难了。所以,我们不妨试试先问对方为什么借钱。

可以体贴地说一声:"你是遇到什么难处了吗?"释放出一种"比起钱的事,我更在意你的处境"的信息,还显得你重情义。

　　问清楚原因后，先别急着说借与不借，先顺着对方的口风将这个难处重复一遍。比如对方说想买房，但首付不够。你可以说："是啊，现在这房价真是高得离谱。"以此类推。

　　接下来，进入第三步，正式说"不"。

　　3. 根据对方的借钱原因，给出一个相似的拒绝理由

　　你不想借钱给对方，又不好直说，怕伤感情，可以根据对方说出的借钱理由，回敬给他一个类似的不借钱理由。

　　如果对方说想借钱买房，手头紧；你就可以说，你要买车，不宽裕。

　　如果对方说丈母娘要彩礼，你就可以说老婆管金库，不同意。

　　总而言之，对方怎么样，你就怎么样，如果对方的理由的确成立，那他也肯定会理解你的处境，接下来你们俩就可以一起抱怨共同遭遇的难题了。如果对方的理由是临时编造的，他就是想套点儿钱花，那你回敬的理由既不伤和气，又让他挑不出毛病。

　　但要注意，以上所说的所有应对方案，前提都是：你不想借钱给对方。

　　这些方案不是教你如何做一个吝啬鬼，而是要你在确定

不想借的时候用。

二、当别人向你劝酒时

在酒桌上经常出现的一个场景是，面对他人的劝酒，我们一边说"不"，一边怕影响他人兴致，忙不迭地解释几句说"不"的理由。

但这样反倒逃脱不了喝酒的烦恼，因为你一边找理由，对方就一边见招拆招，总能破解掉你的理由。

你说"我一会儿要开车"，对方说"我给你找代驾！"。

你说"我妈和我老婆不让我喝酒"，对方说"你是男人不？"。

你说"我酒精过敏，身体不适"，对方说"那都是假的，你就放心喝，出了事我负责！"。

最后，你实在撑不住了，只剩两条退路：要么答应，硬着头皮干杯；要么忍无可忍，最终不欢而散。

其实，你不妨尝试一下这样的表达方式：只说结论，不说理由。

为什么这样做会奏效？人之常情，我们都怕尴尬。

如果你真的想拒绝眼前的酒杯，可以笑眯眯地说一句："抱歉，不行哦。"

接下来很关键：5秒之内什么话也别说，保持沉默，友善地看着对方。

这样压力就跑到对方的身上，为了逃避这个尴尬，打破这份沉默，他通常会说声"没关系"，然后寻找下一个"软柿子"捏。

当然，你也有可能遇上不识趣的劝酒者，即便你用了上述方法，结果对方仍然看不透里面的心思，抑或揣着明白装糊涂，坚持问你："为什么啊？"

你不要去接这个话题，可继续面带微笑坚定表态："因为一些私人的理由。"

这句话的潜台词是：你打听的信息涉及个人隐私，别追问。对方但凡稍有一丁点儿涵养，就会就此打住，不再向雷池越一步。

这样说，这样做，是不是太生硬了点儿？硬生生拒绝，会不会影响形象？

不，请放心并且请记住：影响形象的永远是态度，而不是行为。

当你在说"不"时脸上带着真诚、坚定、略带抱歉的微笑，也就是说，说话硬，表情软。刚开始这样做难免让人觉得你不通人情，但天长日久，养成习惯，别人觉得你干净利落，更重实际。

三、当异性纠缠你时

被异性纠缠多好啊！为什么说"不"呢？为什么要拒绝呢？有很多人可是巴不得"遭遇"这种情况啊。

但凡事总有前提，我相信有两种情况还是比较让人难堪的。一种是当我们已经有了伴侣的时候，这时面对异性的示好，就不光是一个人的事了，我们对伴侣既有爱，也有责任。

另一种情况是，我们虽然单身，但对方跟自己各方面条件实在不相称。

这两种情况就涉及"如何不伤感情地拒绝对方"的问题了。

首先，千万不要用谎言逃避对方的打扰，你躲得过初一，躲不过十五。

假如甲约你看电影，你说你今天没时间，他一定会说："明天！"

假如乙约你吃饭，你说想给他省点儿钱，且天色已晚，他一定会说："那你请我吃，我不会不好意思的。"

这时怎么办？

有两种方式可以参考：

一、防患于未然，在平时就养成向周围的人展示自己

"边界"的习惯。

我们太喜欢当老好人了，总想着外圆内方的人生哲学，但这些追求者不是这么好打发的。如果有甲跃跃欲试纠缠你，你可以声东击西，让他看看你是如何决然地回应乙的纠缠的，让他知难而退。

二、先不要一棍子打死，给对方留条活路。

判断不出对方是不是真的在纠缠，他们通常一边打扰着一边还挺懂礼貌，你进一步，他退一步，你稍有松懈，他立马跟上，像拳头打在悬挂的布条上一样，跟你左右周旋。

没问题，你也可以和他打太极。

他约你吃饭，你说："吃饭不行，不过好意心领。"

他找你要微信号，你说："给微信不方便，留你一个QQ邮箱。"

他直接提出约会，你说："好好歇着吧。你想解决单身问题，我可以帮你留意合适人选，但抱歉，我们不合适。"

诚然，我们永远排除不了第三种情况：对方死活就要纠缠你，你想拒之千里之外。

那就没什么好说了：生硬拒绝，态度果断。

CHAPTER

06

第六章
说服沟通篇

第一节
"我需要你"不及"这对你也有利"

本科阶段我学习的是新闻专业，一次采访业务课让我印象很深。

当时的授课老师在课堂上模拟了一个场景：假如你是某家传媒机构的从业记者，电话那头是某名企的负责人，你想对他做一次人物专访，但事先需要跟他进行沟通接洽，现在你手上有他的联系方式，这个电话你准备怎么打。

老师有着十多年的从业经验，同学们大多白纸一张，大伙你看看我，我看看你，在心里琢磨着措辞。

这时一位同学高高举起右手，胸有成竹状。

老师喊他起来作答，他将拳头伏在耳边，假装手里有电话，含胸驼背，调整语气道："喂，您好，王总吗？王总您好您好，久仰大名啊！特别崇拜您，想趁您有空的时候，那个，采访您一下，咨询您几个问题。您看您什么时候有时间啊？没时间也没事，我们会一直等，等到您有时间为止。实在是太珍惜这次机会啦，求求您务必满足一下我这个小小的请求，能跟您见一面都三生有幸啊！我这儿先谢谢您了，再见，王总。"

同学说完这一套后还不忘将手中的"假电话"轻轻地放下，满面春风地回到座位上，等待老师讲评。

老师先问了一下我们的感觉："大家觉得，这样的处理方式怎么样？"

有的同学说："挺好，挺热情，还挺礼貌。"有的同学则直言不讳："有点儿卑贱。"

大伙儿呼啦笑开锅，老师也忍俊不禁。

接着，老师请那位直言不讳的同学站起来："这位同学，你来说说，假如你恰好就是刚刚那位同学的采访对象，你就是某名企负责人，你怎么答复他。"

这位同学先用一分钟的时间找了找名企负责人的感觉，之后潇洒地举起"电话"，一本正经地说："嗯，你这么仰慕我，我很感动，但不好意思，没时间，再见。"

大伙儿再次笑喷。

老师对大家说："同学们一定要注意，这种情况在你们未来的从业中，乃至人生中都会经常发生，人与人之间打交道，该讲感情时讲感情，但凡涉及双方利害关系，一定要把利益关系拎清，一味地去谄媚，去迎合，试图用自己单方面的诉求去感动对方，对方充其量会觉得蛮感动，最终还是会拒绝你。"

有的同学表示不服："老师，不是说现实很重要吗？现实是什么？是人情往来嘛，你冷冰冰地去跟人家谈，谁搭理你啊？"

老师继续耐心解释道——

你说的没错，人情往来。"往来"提醒你的是，一切行为发生的主体都是双方，所有的沟通也都是双向的，每个人都有自己的利益考量，你要求我割让出一定的时间成本去参加你的采访活动，这不是一种施舍，而是一种合作。既然是合作，你起码得告诉我，在这场合作中，我能获得什么，我凭什么要跟你合作而不是别人，凭你嘴甜会说话吗？不好意思，你为了自己的那点儿小算盘，今天叫人一声"哥"，明天叫人一声"姐"，你觉得感情不错，但真到涉及利益划分那天，你的哥和你的姐谁都不会理你，因为在那些哥哥姐姐眼里，现实是残酷的。

比较合适的措辞应该是这样：您好，王总，我是某某传媒机构的工作人员，我们手上掌握着多少多少受众的注意力资源，现在想对您进行一次专访，这次活动可以塑造您的个人与企业的品牌形象，让更多的消费者认识到贵公司的文化理念与价值所在，帮您向大众传递相关信息，如果您对此感兴趣，我们约个时间详谈一下，打扰，再见。

讲到这里，同学们不由自主地鼓起了掌。我半张着嘴，愣了好一会儿：原来话还可以这么说，事还可以这样做。

最后，老师总结道："今天跟大家说的这些，可能有的同学觉得过于现实，一时无法接受。我并不是鼓励大家如此说话，而是要提醒大家，不卑不亢，换位思考，无论做事还是做人，都先要学会站在对方的角度看问题。有时候，看似冰冷的理性，恰恰是莫大的温情。很多泛滥的感情，好的时候让你甜如蜜，控制不住时也真的是蛮要命。时时谨记契约精神，有时候你重复一百遍'我需要你'，都不及一句'这对你也有利'。"

第二节
如何说动不同意的父母

父母在孩子从小到大的人生旅途中几乎都扮演着决策者的角色。即使孩子长大成人，在事关人生走向的道路选择、职场发展走向乃至婚姻大事等大问题上，父母都会"垂帘听政"，指点一二。

虽说我们已经长大成人，但在父母眼中，孩子永远都是孩子，他们总是不放心、不忍心，总是想一步到位，替我们走好人生的每一步棋。

当我们与父母发生争执时，总会感到力不从心，我们说什么，貌似都无法得到父母的认可。如何恰当有效地做好他们的思想工作呢？下面就与大家聊一聊说服顽固父母的小妙招。

　　首先要给大家确立一个正确的说服理念，也是说服活动中最需要注意的一点：千万不要让说服对象感觉到你是在说服他们，而是要让他们很自然地认为，一切都是他自己的主意。

　　为什么要注意这一点呢？因为你要知道：说服是一项通过自己的言语来改变他人行为的活动。而在这个世界上，没有任何一个人甘愿自己被操控、被改变。

　　这也是我们在做父母的思想工作时要注意的第一个问题：避免造成对立局面。

　　我们平时想让父母认可我们的某个选择或接受我们的伴侣时，我们通常是如何做说服工作的呢？许多人不管三七二十一，各种论点论据一通摆，不断地证明自己的选择是对的，以为只要让父母相信是对的，他们就会被打动。

　　然而在实际生活中我们发现，这种做法收到的效果往往并不理想。为什么呢？因为在父母的潜意识里："你不断地证明你是对的，那潜台词就是在说我是错的；你不断表明你的想法是好的，如果我认可你，那就证明我的想法是糟的；你不断造成一种对立局面，你赢了，我就输了。"这样一来，每当你向父母夸夸其谈时你都会发现，你说得越有道理，父母就越反驳你，而且道理永远比你多。原因很简单：即便父母再疼爱我们，他们也是人，人都不会乐意接受自己是错的、自己想法是糟的、自己不中用了、自己输了，即使那是事实。

所以，当我们还在用老方法单向地劝啊劝，父母也还是会无数次地不自觉地在心底启动防卫机制，抱持着最严苛、最具批判性的态度和你聊。

那么，如何才能扭转或消除这种对立局面呢？很简单，你只需要给父母一个印象，让他们感觉到你是在请教，而不是在指教。你先承认自己是不聪明的，是需要指点的，最好还能让对方参与到你的决策中来，这样局面就会从对立变为合作，父母也有了参与感和存在感。

比如说，你想去企业工作，而你的父母一直打算让你考公务员。在这件事上你们看法有分歧，你想说服你的父母同意你去企业里打拼。

错误的说服方法是：爸妈，你们以前的看法都落伍了，都过时了，是不对的！进企业多么多么好，考公务员也未必是最好的选择……

这样父母会不断地给你列举出公务员的好处，不停地压制你的想法。

更有效的说服方法是：爸妈，我呢，想进企业，但是我人生阅历少，经验也浅，很需要你们给我把把关，看看面试时需要怎么给考官留下好印象，再帮我检查一下我的准备工作中有哪些没考虑到的地方……

这样一来，没等父母反应过来，他们已经从计划的反对者转换到了计划制定的参与者的位置上来。

　　而如果还想增加自己说服工作的胜算，则可以采用"请君入瓮"的办法，甚至让他们感觉到我们的想法其实来自于他们的启发。

　　例如，你还可以这样跟父母沟通："哎，爸妈，您以前说的某句话我很有触动，让我获益不少。我受了您的启发后决定进企业工作。您帮我看看，需要做哪些准备工作。"

　　我们这样一说，父母就更能感到我们的计划是与他们息息相关、密不可分的，而我们也完全不用为做工作而犯难，因为父母都喜欢在我们的成长道路上讲道理，发表意见，而且很多他们说过的话自己都不记得了，我们很容易搭边。

　　有的读者可能会问："那如果父母还是不同意自己的想法，怎么办？"

　　这里还有一种说服长辈的方法，叫"把人架上去"，俗称戴高帽。

　　我们在说服父母的时候，只需要事先树立起一个完美父母的形象，然后再让父母意识到他们当前的形象与完美形象不符，就会激发出他们的自我一致性。

　　还是以工作选择为例，我们可以这么说："爸妈，我渐渐发现，你们和一般的家长不同，你们开明，思维活跃，尊重子女的意见。我的同学××，这两天正为了工作选择的问题跟他爸妈争执不下，我得知这个消息的第一感觉是自己很幸运，这事情如果发生在咱们家，那绝对是另一番景象。"

这个办法也可以反过来用，即我们常说的"激将法"：先告知父母他们比另一对父母高明很多，再一点点释放出另一对父母已经看出来去企业工作的各种好处，这时我们的父母即便心里有很大意见，表述起来也会迂回婉转得多。

以上我们都是拿职业选择的事情举例，那么如果涉及婚姻大事的问题，我们又该如何更有效地与父母沟通，做他们的思想工作呢？

首先，如果我们想让自己的说服工作成功，就必须深入了解父母在面临儿女婚姻大事时的心态。

在事关儿女的伴侣选择的问题上，父母的一般原则都是：不求幸福最大化，但求风险最小化。

因为现在的决策对未来是会产生影响的，一旦孩子选错伴侣，过得很痛苦，那作为父母会无比自责。

所以，在向父母推介自己的伴侣时，最重要的不是表露你对伴侣有多喜欢、多爱慕、多看好，而是要让他们知道，你的选择是理智的。

具体说服时，有两点需要注意：

第一，适当地说一些伴侣的缺点，让父母看到你的理智，并且让他们意识到，结果最坏也坏不到哪儿去。这些伴侣身上的缺点当然是有选择性地告知，而且你要保证你的最终解释权。最稳妥的办法是找一些父母身上也同样具备的缺点放在伴侣的身上，这样既可以使父母感到安心，又觉得这些小毛病无伤大雅。

第二，表现得冷静、淡然，说出自己的"小私心"，比如"和他谈恋爱是为了将来生活更安稳，工作更安心"，这个谎话可能会让自己显得太会算计，但在父母看来，这是我们真正成熟长大的标志，从而放心我们的选择。

以上跟大家聊了一些说服父母的小建议，希望对大家有所启发或帮助。其实道理都是相通的，不仅是与父母沟通，做他人的思想工作也是同理。即先要打破对立局势，拉对方"下水"，打造战略合作关系，深度联手，将对方心理位置架高，或是从另一个侧面激发出自我一致性。在说服之前，充分了解对方的心理需求和顾虑，通过展现自己的优势来帮对方消除猜疑和顾虑。

第三节
如何有效地说服他人

下面从两个角度为大家系统讲一讲如何有效地说服别人。

首先请牢记：当说服对象与你关系较远时，以对方的利益为出发点。

先跟大家讲一个我们日常生活中总会遇到的情况。

当我们去逛街、逛夜市，或者走在一条大路上，人山人海，摩肩接踵，挤得让人喘不过气来。这时，你突然接到电话，有紧急的事要办，你赶时间，想让前面的人让路或走得快点儿，于是，我们常会说：

"不好意思，劳驾劳驾！"

"哎哎哎，借个光呗！"

"让一下，让一下！"

"哎呀，能不能快点儿走啊！"

…………

这时，令人不快的一幕出现了：你发现，前面的人们完全不把你当回事，根本就不听你的。

再遇到这种情况时，教大家一个屡试不爽的办法，不用说多余的话，直接淡定而高亢地喊出一句："热水热水，烫烫烫！"话音未落你就会看到，前面的人潮会立马出现一个缺口。

为什么这样做能收到奇效呢？原因很简单，当我们站在对方的利益诉求点出发，让对方意识到他们的听与不听对他们的处境来讲相当关键，那么他们绝对会"与人方便，自己方便"。

就像本章第一节强调的一个观点——"我需要你"不及"这对你也有利"。

记得大学快毕业的时候，我陪两个同学去参加一场面试，他们面试的是同一家企业，规模很大，发展前景也很好，机会难得。

甲同学属于全能型选手，大学期间又是"学霸"又是活动达人，获奖无数，优秀得不得了。

乙同学相比起来就普通许多，没有那么多闪光点，求职砝码看起来很有限。

但结果却是：甲同学被弃用，乙同学被录用。原因是什么呢？很简单，甲同学的履历虽然光鲜，但展示得过于全面，毫无侧重点，简历上各种经历和记录密密麻麻一大堆，看着就让人头晕，搞不清楚甲同学的能力跟企业用人需求对接的点在哪里，这就好比人家着急要灭火，而他送了一箱子荣誉证书过去。

而乙同学则有的放矢，不仅把自己的优势和最突出的地方体现出来，而且还条理分明地让用人单位了解到，自己某方面的能力如何能对接上对方的需求，能为对方创造哪些价值，这样一来对方对乙同学的能力清楚明了，想不要都不行。

曾经有一位女权主义者在联合国大会上发言，呼吁全世界的男同胞们也加入战斗，认识到女权主义的重要性。她是怎么说的呢？她没有表现出多么强烈的渴求，也没有声嘶力竭地喊口号或采用道德绑架等手段。她全程都是用一种很平静的语气告诉男同胞：第一，如果女权主义盛行，会给每个人带来多多少少好处；第二，男同胞的妻子、女儿、母亲、姐妹、要好的异性朋友会在这场运动中多么受益。

我有一位朋友特别擅长劝架，有一次两个同事爆发言语冲突，眼看着就要发生肢体接触。两个人越走越近，这时周围的人就上去拉，可越拉越来劲。

我的那位朋友当时也在场，他没有拉架，而是提醒冲突双方：别冲动，一动手，不但这个月的奖金保不住，很可能会卷铺盖回家，要是招来警察，怕是连家也回不去了。

听了这几句话，冲突双方停下脚步，怒目而视，最后事情就过去了。

从以上案例我们看出，无论是你想请人帮忙，还是呼吁鼓励别人做某事，抑或劝阻别人不要做某事，要想达到预期效果，都要找准对方的利益诉求点，进行换位思考。

但也要注意一点，换位思考中大家常有一个误区，就是提前设想对方的顾虑，没等对方说什么，你自己先把他的顾虑说出来，然后给否决掉，这很容易造成负面效果。

一方面人家可能没想那么多，但你正好提醒了对方；另一方面，人都有自尊心和逆反心理，我们千万别自作聪明地把所有工作都替对方做好，只要让他看到这么做的重要性即可，然后让对方自己去分析利弊，给他留下选择的余地。

但还有一个令我们头疼的问题，那就是我们经常发现：我们说服外人的时候不太难，但如果想说服一些跟我们关系比较近的人，比如说父母、伴侣、挚友等，拿对方的利益来说事儿貌似不太管用。

比如说：假设你是一位女生，你的男朋友在吸烟，你想让他把烟掐了。于是你站在他的角度对他说："亲爱的，别抽了，那对你的身体不好，你要替自己着想啊！"

结果他说："啊呀，没事！我自己的身体我知道，死不了。"

　　这时我们发现：对待关系亲密的人，你和他打理性牌，讲道理，为他好，为他考虑，他多半不会领情，并且他有一大堆听起来比你更有道理的道理在等着你。

　　所以，当我们以关系亲近的人为说服对象时，尽量不要用对待陌生人的手段去对待他，要直捣黄龙，一步到位，直接抛出自己的情感与利益诉求，其效果往往会比较好。

　　还是前面那个例子，你想让男朋友不要吸烟，可以这样说："停，掐了，我闻不了烟味儿。你一在我这儿抽烟我头就疼，亲爱的，忍一忍行吗？"这时他如果真的在乎你，就不会再吸了。

CHAPTER

07

第七章
日常沟通篇

第一节
日常沟通中，怎样避免惹人嫌弃

在人际交往中，怎样做才能不招人烦呢?

一、珍惜公共的时间，少博一些存在感

人际交往与个人独处最大的不同就是：当人与人聚到一起的时候，很多的资源变成了公共的，而非私有。这其中，最宝贵的资源就是时间。

每个人都不是一根木头，来自各个群体的你我他走到一起，本身就自带着生活中的繁杂琐事与纷扰情绪，大家都有自己的一大堆事情要处理，千万别动辄就占用别人的宝贵光阴只为满足一己的表达快感。

在这里建议大家：如果是与人相约谈事情，先把时间划分好，问清楚对方是否还有其他的事；如果轮到你发表看法，长话短说，语言精练，别为了那点儿虚荣心和存在感动不动就侃侃而谈。

二、有意见私下谈，当众不揭短

人都是爱拣好话听的，这一点你不承认都不行。即便再亲密的关系，也是爱听夸怕听骂，所以你应该知道：防己之口甚于防川。

在这里建议大家，如果对某人某事抱有不同看法时，当众时要求同存异，自己的想法放到私下约谈，一则能够给予对方足够的颜面，二则也避免了错误出在你这里而带来额外的风险。

还要注意的一点就是：当癞子面不说短话，甭管对方显得多么不在意，你都不能拿对方的短处打趣，表面上可能风平浪静，但受损的是你们的关系。

三、交谈时情绪缓，给对方足够的反应时间

人际交往是一种信息传达，既然是传达，就自然包含着传与达两个部分。但在现实生活的许多交往案例中，常常都

存在着传而不达的现象。

很多人急于把事情说完，或急于让对方知道自己的意见与观点，在交谈时话语如连珠炮一般，生怕时间不够，有话讲不完。然而，这样做的坏处是你噼里啪啦半天，对方不知道你在说什么，你真正想要的是什么。

每个传播者对面站着的信息接收者都是一个活生生的人而非机器，所以我们在传达信息的时候务必要保证清晰、详尽，在表达看法时舒缓好自己的情绪，慢慢说，不要急。实践无数次证明，许多矛盾都源自于交往时不懂得运用语言，许多交谈的摩擦完全可以用平缓适当的语气避免。

四、共事时少犯懒，不给对方添麻烦

谁都有耍小聪明的时候，但当我们在与朋友或同事共同完成一项任务时，一定要拿出足够的诚意与责任感。

在一个团队当中，最不缺的就是搭顺风车的懒汉，如果你意识到自己在团队里起不到什么太明显的正面作用，那就更得少说话、多干活，千万别积极热情地老提建议。建议谁都会提，不缺你一个，光会动嘴不会做事，只会给大伙平添麻烦。

要知道，再好的个人意见也抵不过踏实肯干，别再自作聪明地犯懒，欠下的债迟早要还。

五、承诺时慢一点儿，拒绝时应果断

大家在一起相处，难免有需要彼此帮忙的时候。当别人有事相求找到你，千万别为了面子问题而想都不想一口答应。说出去的话泼出去的水，所有的承诺背后都站着一个讨债人，等着你用行动把说过的话一一兑现。

当意识到对方的诉求已经超出了你的能力范围，或是给你造成了很大的不方便，应该果断拒绝，不要给对方留下任何想象的空间。这对你来说是种解脱，对对方也属于负责任的表现。

当你认为这件事自己可能办好又可能做不到时，一定要把情况说明，告诉对方做好两手准备，免得人家在你这一棵树上吊死，不光你徒劳无功，也耽误了对方的事情。

六、遇到摩擦找重点，不把矛头扯太远

我们很难避免不同人出现意见相悖进而发生争吵的情形。不过话说回来，争吵也是一种特殊的交流方式。既然是交流，就包含着事实与观点。争吵时如果不想把矛盾激化，事情闹大，最好将事实与观点分开谈，切忌两人一味宣泄情绪，规避重点。

另外需要注意的是：当一个人对你表露出负面情绪，不

要一下子就把原因归结到自己这里。有可能是对方身体不舒服，有可能他遇到了不顺心的事。所以，你接下来的行动应该是问清楚他脸色不好的原因，然后看看自己可以帮他做哪些力所能及的事情。

千万别忽视这个逻辑，因为我们在生活中遇到这种情形时，本能反应对方脸色不好肯定是针对自己，进而联想出许多俗套的剧情，最后黑脸对黑脸，不欢而散，抑或发生言语冲突。

所以说，交往中的好心态就是：该怎么回事就怎么回事，不拿情绪套事情。

七、过多攀比耗时间，炫耀只会露弱点

盲目攀比不仅会占用你大量的个人时间，而且还会消耗掉你所有的好人缘。何必凡事都争第一，强调什么往往意味着缺少什么，你的夸夸其谈只会遭到旁人的白眼，炫耀越多，往往越容易暴露出弱点。

八、得理时也饶人，别图痛快撕破脸

商业里有一条不成文的规定：不要一下子拿走谈判桌上所有的钱。这条规定放在人际交往中，亦然。

有些人没理时也要辩三分，稍稍意识到自己正确就开始咄咄相逼，得理不饶人。然而道理都是相对的，谁也不可能做到绝对正确，当你赢得了某件事情的争论点，一定要慎用自己的发言权。对方如果有错的地方指出来就是，千万别揪住不放，让话题在原地打转，人对耻辱感这东西都有着非凡的记忆，今天你扬扬得意，揪住了他的小辫子，保不齐他什么时候就给你下绊子。

"势不可使尽，话不可说尽，凡事太尽，缘分势必早尽"，这是人际交往中永恒的至理名言。

最后要提醒读者朋友们：方法仅是参考，不要为了显示自己会交往而去交往；更不要仅仅为了维持一段关系而盲目维持，当任何一件事情让你觉得不舒服了，你就有必要想一想做这件事最初的目的是什么。离初心近一点儿，幸福感自然就多一点儿，整个人是快乐的，身边的人就更愿意与你把酒言欢。

第二节
聊天聊不起来，完全不是问题

最近很多人都问我："聊天聊不起来怎么办？"

我追问回去："什么时候、哪种场合下聊天聊不起来？和谁聊天聊不起来？"

得到的回复五花八门，基本上囊括了社交情境的方方面面。

好吧，可能是网络技术重度浸入了人们的生活，大家都变得喜欢在屏幕前面敲键盘，变得不善于面对面地交流互动了。

但还有一种情况是必然存在的，那就是交流中的一些细节与方法被我们忽略掉了，这让沟通效果大打折扣，使得我们无法在心理上接近聊天对象，进而导致话落在地上，捡不起来。这个时候场面就比较尴尬了。

下面，我用一个大长篇争取把聊天聊不起来的问题逐个击破，一网打尽。

一、关于怎么找谈资的问题

如果聊天的对象和你不是很熟，抑或大家关系一般，但同处于某个公共的社交场合中，需要用一些话语内容作为由头来打破僵局，来破冰，这个时候，找谈资就是个问题了。

找谈资需要注意什么呢？如何找到合适又可聊的谈资呢？

我们有个基本原则，那就是：要找大多数人没有分歧，同时又方便展开的话题作为谈资。

这个谈资要具备以下三个特征：

1．大多数人都能且想参与进来

要想把话聊起来，开头首先就要起好。两个刚刚见面的陌生人相互搭讪，聊名字就是一个不错的选择。

名字谁都有，而且我们的名字大都有来历、有典故，短短几个字却或多或少承载着父母长辈对我们的寄托，聊名字是一个特别好的共同话题，大家都能参与进来，且都有的说。

当然，除了名字，家乡的美食美景、业余爱好、气候、热门的影视剧或文章，都可以作为开头的谈资抛出来，以调动气氛，热络场面。

2. 具备的分歧点很少

我们在聊天时之所以会把天聊死，很重要的原因之一就是我们经常会不自觉地把话往分歧点上引，往死胡同里带。

比如我问你，你喜欢韩寒还是郭敬明，你挑了一个你喜欢的回答我。这样一来，我就有一半的概率与你观点相悖，而且有可能爱屋及乌，恨屋也及乌。搞不好，谈话就僵住了。

但如果我问你，你都喜欢哪些作家或哪些作品，你说了好几个。这样一来，我就可以挑我也同样欣赏的部分与你侃侃而谈，我们就会越聊越投机，哪怕你说的我都不了解，那我也可以借此机会向你追问请教，交流就更通畅了。

所以，聊天时最好不要问非黑即白的选择题，不要突出比较的意味。没有比较，就没有伤害。

不攀比同样可以好好聊天，我们可以让每个人对自己感兴趣的作家、作品、明星、影视剧等畅所欲言，各抒己见，这样我们就成功地把比较优劣置换成了展示特点，分歧也就消于无形。

3．容易展开且方便互动

除了生硬与酸溜溜的攀比以外，同样能把天聊死的一种话题，就是闭合式问答。什么叫闭合式呢？就是事实本身就是如此，没什么好说的，陈述起来像标准答案一样。

比如说：你吃饭了吗？吃了。这就是典型的闭合式问答，即便多说几句，也是没话找话，没什么意思。同样的主题，换一种开放式的表达，就会收到更好的效果。

比如说：你为什么喜欢吃这道菜？你挑选美食与用餐地点的时候有什么讲究或考虑？我是一个吃货，你对减肥有什么好的经验或心得吗？

类似于这样的开放式话题，都有一个共同的特点，就是不只停留于事情表面，而是追问事物背后所象征或蕴含的典故和故事。而讲故事真的是聊天中最重要且珍贵的一项能力。

二、关于如何将谈话更进一步的问题

在大家都已经初步认识彼此，对彼此有了一个基本的印象后，我们就自然地想把话题作进一步延伸，从而带动双方的情感关系进一步靠近。这时，没有话说怎么办？有两种方式可供参考。

1．在对话中找交集

我们经常在生活中发现：那些老一辈的人刚认识新朋友，他们都有一个习惯性的举动——攀关系。

比如一个问另一个："哎，你老家哪里？噢，大连，好巧好巧，我也是。"

这其实是很实用的社交习惯，类似举动放到今天的社交场合仍然有其必要性。

心理学研究表明：当人们面对另一个不是特别熟的人的时候，他往往会不自觉地想要从对方身上判断出这个人是不是和自己拥有相同的特征。

而如果有，往往就会让他产生一种莫名的亲切与认同。

同时，当两个人的交集程度越高，那种亲切感与认同度就越高。

而这也是为什么那些交际高手通常是最擅长从第一次见到的人身上瞬间找出交集的人。

比如，有些国家的竞选活动，参选人会出席各种场合来发表竞选演讲，拉选票。地点有可能是室内，也有可能是街头巷尾，因为时间有限，他们要迅速拉近与受众的心理距离，很重要的一种手段就是找交集。

如果我去学校做宣传演讲，我就会先说："啊，今天能跟大家面对面交流，我有一种回家的感觉，因为咱们学校的求学人员中，有我亲戚的孩子，有我好朋友的孩子，所以，咱们也算是自家人，大伙欢迎我这个自家人吗？"

以此类推，很多会说话会聊天的人会很注意你上一番话中传递出的信息内容，然后在头脑中快速筛选，争取找到相交之处，让你觉得你们志同道合。

有交集，把交集拿出来说，蛮厉害；没有交集，想方设法挖掘出交集，就更厉害。

有人说这太难了吧？没有交集怎么可能挖掘出交集来呢？

要知道，世界上的所有事物都是互相关联的，只不过有直接相关与间接相关之分。记住，哪怕是彼此看似对立矛盾的事物，只要我们把概念稍稍拓展，就能让它们联结成命运共同体。

举个例子：假如一个公司高管去工地跟工人们讲话，他有车有房，工人们上有老下有小，这时他的身份跟工友的身份看起来是对立的，是没有什么交集的，但只要稍稍把概念拓展，交集就出来了。比如他可以说："你们骑自行车，我开小轿车，好像我们是两路人，但我们都是共同为老板打工的人，都是为公司发展壮大各尽所能的人！"

有人可能又有疑惑了："这样做固然很简单，但被套近乎的人傻吗？他们就不知道我们在找交集套近乎吗？他们就那么容易被'收买'吗？"

当然不。

但人很奇妙，当我们发现对方花了那么多心思就是想要跟我们建立交集、建立关系的时候，我们往往会觉得对方好有心，此时，真正让我们感到亲切的，其实是那种对方努力跟我们拉近关系的心意。

而现实沟通中，最主要的不是目的的彻底实现，而是传情达意，力未到，意先至，想拉近彼此的心理距离，让人看出你的意向就可以。

2．用私人话题加深彼此关系

我们常会感到人与人交情很浅，聊天的形式虽然热闹，情感与内容却总是流于表面。其实这与我们的话题选择有很大的关系。

回想一下我们大多数的聊天内容，基本可以归为几类：

（1）吹捧客套话；

（2）功利求人话；

（3）背后抱怨话；

（4）端庄高雅话。

总是说这些话，还怎么指望进一步加深交情呢？

要知道，我们内心深处都有获得理解和认同的渴望，谈论私人话题是拉近彼此心理距离的必选动作。但要注意：我们在谈论私人话题时有一个原则，否则很容易踩到雷区。这个最根本的原则就是：不要给对方施加压力，不要让对方感到自己受到鄙视或批评。

比如：你想跟对方聊"你有没有孩子，你孩子怎么样"的话题，不要上来就问："有孩子吗？你孩子怎么样？"

首先，对方可能生育能力有障碍，唐突发问，他会觉得你在嘲讽他。再者，人家孩子好坏自己又不好说，敷衍了事的话又容易让聊天进行不下去。

我们不妨试着这样问："我这个人挺喜欢小孩子的，你喜欢小孩子吗？"

这样发问就无伤大雅，没孩子的可以说喜欢或不喜欢，有孩子的表达完看法后通常还会顺带说一下自己家孩子的状况。如此，总能把话题进行下去，彼此会越聊越深。

举这个例子是想提醒大家，如果既想把话题深入下去，又想不招人嫌，那么在提及私人话题的时候，可以采用迂回穿插的方式，先说自己的状况，然后再问对方的看法，以促使对方自己将情况讲述出来，彼此加深了解、增进感情。

三、关于如何使对方聊高兴的问题

僵局也打破了，话题也深入了，那么如何再将谈话更进一步，使交谈对象不仅在话题上有的说，在情绪上也能生机勃勃呢？

很简单的一点：懂得聆听，且善于聆听。

这个方法真的是老生常谈，我也不想在此多啰唆，但很多人也许是因为使用这个方法太多，反而不太重视它了。在这里，简要地说一下倾听的重要性。

先问大家一个问题："在谈话中，主动权在哪一方？是在说话者的一方，还是在倾听者的一方？"

很多人的答案可能是："当然是说话者啊！我说什么，他们就得听什么。"

并非这样。其实在沟通中，掌握更多主动权的往往是倾听者。

比如，一个小朋友考了100分，他放学后兴冲冲地跑回家，对着正在做饭的妈妈无比欢喜地说道："妈！妈！你猜我今天在学校怎么了？"

等一下，在这时我们就看到一个有意思的现象，小朋友的第一选择并不是传递关键信息，而是先选择吊胃口、卖关子、调气氛。为什么？很简单，因为甭管他说得多么天花乱坠，倾听者（妈妈）如果没有什么反应，他会很不爽。

这时，如果妈妈表示完全没兴趣，还很严肃地问："作业写完了吗？赶紧写作业去。"小朋友就会无比沮丧和失落。

反之，如果妈妈是一副很感兴趣的样子，问道："你怎么啦？快说给我听听！"

小朋友就会得意地说："我考了100分！"

然后妈妈再顺水推舟地表示一下惊喜："哇！宝贝太棒了！妈妈真为你高兴！"

这时小朋友就会心满意足，甚至会滔滔不绝地述说自己如何如何答卷子，如何如何准备复习。

他挺起胸脯，成就感爆棚，觉得妈妈真好，下次有好事还告诉她。

让我们跳出这个案例回想一下，当我们在向别人表达时，我们不也是那个小朋友吗？而倾听者们，不也就是那个妈妈吗？

每一个表达者都是那个满怀憧憬与期待的孩子，渴望自己的话被重视，有回应。而每一个倾听者都是那个妈妈，听与不听，用什么样的状态去听，选择权都掌握在自己手里。

所以说，人与人之间沟通时的主导权在谁那里？看似在表达者的手上，其实是在倾听者的手上啊。

当一个倾听者对表达者的谈话内容表现得很感兴趣，呼应和反馈很多的时候，你会发现那个表达者嗓门越来越高，表情与肢体动作越来越丰富，活泼得像个孩子。

反之，当倾听者表现出一脸无所谓的样子，只用"嗯""啊""哦""是"来草草敷衍表达者的话，无异于在施展冷暴力，瞬间熄灭对方的所有热情。

四、关于一个绕不开的问题

在沟通中有一个很大的区块，叫性别沟通。主要是讨论男女之间因为先天、后天的差异，所造成的不同的沟通习惯。

性别沟通中，最具体的应用往往发生在男女谈恋爱的时候。这也就是为什么我们常常说绝大多数的感情问题，其本质都是沟通问题。

女生往往抱怨，一旦跟男朋友确定关系之后，对方就渐渐变得对自己爱理不理，很少主动打来电话，接听电话的态度也很敷衍，往往就是："嗯，哦哦，好，我知道了。挂了。"

为什么会出现这种情况？

是因为：对女生来说，沟通是一种享受；对男生来说，沟通却是一项任务。

对此，演化心理学早已给出解释。

从演化心理学的角度看：在远古时代，当时人们主要的分工：男性主要是负责狩猎，女性则主要是在部落里负责采摘果实与照料。

因此，对于男性这个狩猎者来说，沟通是一种达成任务的必要手段。面对丛林中的猎物，就算要讲话，可以，但得长话短说，有什么问题三言两语赶紧说清楚。

反之，对负责采摘果实与照料的女性来说，她们要达成任务，主要是靠着围在柴火周围彼此分享资讯，如哪种树的果子好吃，哪种果子有毒。

在漫长的演化过程中，对女性来说，聊天与八卦基本上是一种求生技能，它能帮助她们确认自己在社交网络中的位置，保持自己在团体关系中的信心。所以，交流能给女生带来愉悦与安全的感觉。

但这种感觉，男生却不容易享受到。

在此，请注意，不是说男生不爱说话，而是一旦任务目标不明确，男生就不知道自己该说些什么。

所以，在追求女生的过程中，由于那个时候任务明确，男生一天到晚给女生打电话，也总是有的聊。

但等两人感情确定后，再要男生每天打电话，他就会不知道这电话打过去要说什么，因为昨天和今天，大家的日子不都过得一样吗？

因此，这时候女生要做的不是一直跟男生抱怨，因为男生根本不会理解。而是交付给男生明确的任务，让男生知道，自己身为女孩，需要每天跟自己的伴侣讲上20-30分钟的电话，这是自己保持自信与安全感的重要来源。

所以，女生要告诉男生："亲爱的，你的任务就是每天都要找个时间打电话给我。这通电话，你要保持专注，你要努力让我讲得很开心。然后，任务完成，你爱去干什么就去干什么。"

最后，提醒各位读者朋友：以上的所有方法与经验，作为一个辅助参考就好，千万不要在沟通中捧着它们逐条去落实、逐条去应用，那样一来显得很生硬、很功利；二来也会让自己觉得累，身心俱疲。

第三节
没有伶牙俐齿？没关系

有个别读者朋友存在困惑：我天生就是个嘴笨的人，看到别人那么能说会道，感觉自己学也学不来，要不还是放弃算了，安心做事吧。

其实，说话并不是某些人的专利和特权，一个嘴笨的人同样能脱颖而出，使自己的表达更受欢迎，而且，只要方法得当，你会慢慢发现，嘴笨的人完全可以化劣势为优势。

嘴笨的人如何在套路丛生的沟通环境中脱颖而出？方法如下：

一、敢于"露"拙，把劣势充分利用上

我们常把说话等同于表达，但要知道，说话仅仅是诸多表达方式中的一种，而且，还是所占比重较小的一种。

非语言的表达形式，如肢体动作、眼神、语气、神色甚至衣服的颜色，都填充进了表达过程的大部分空间。

从这方面来说，嘴笨不嘴笨，还真的不大重要，即便我们的讨论仅仅停留在表面上，一个嘴笨的人也可以把外在功夫做漂亮。

请牢记以下"小事"：说话时语速放慢，语调放缓，沉稳有力，语气诚恳，目光坚定，对对方的眼神交流不要逃避。

这个看似简单的改变有什么意义呢？意义很大，一个人的沟通状态体现着一个人的内在品质。一方面，你表述得沉着、不疾不徐，会给人一种踏实可靠的感觉。我们说字如其人，其实话也如其人，那些讲起话来毫无逻辑的人，做起事来往往也忙忙叨叨，常被突发状况弄慌手脚。你本身就不是能说会道的人，那就不妨把这个拙放大成你的巧，尤其是当谈话对象是你的长辈或你的领导，说话不疾不徐的好处更是谁说谁知道。另一方面，如果你能做到上述那些"小事"，也会向谈话对象传递一个非常重要的信息：你很自信。

二、掌控节奏，把话语落在刀刃上

我父亲完全是个口吐莲花的人，能说又敢说，夸张点儿说，黑的能被他说成是白的，虽然只是个庄稼汉吧，但经历的事多，知道的面也广，还爱抢话。

我有一位姑父，跟我爸的性格完全相反，平时老老实实，沉默寡言，也不懂很多，说话更是沉闷。

亲人们之间常会坐在一块儿喝喝酒、吹吹牛，酒劲儿一上来，这个那个的天南海北地聊。按照我们既有的常识推断，要是饭桌上有我父亲和我姑父，那场面一定是我父亲完全控场，我姑父只能在一旁默默地充当听众。这倒不涉及哪个更牛一点儿，毕竟只是个聊闲天，但你可能想不到，我这个姑父却总能在不经意间抢到场面的主导权。

怎么回事儿呢？聊天嘛，当然得有议题，我父亲知道的事情虽然多，但什么都是略懂，外加他需要照顾场面，注意力分散。而我这个姑父呢，平时对什么都感觉一般般，但就是特别关心新闻，每天抱着电视看新闻，说是半个内行也不为过。这样就会出现如下的场面：我父亲说啊说，有那么一两件事儿说得含糊，这时候我姑父就趁势出击，瞄准话题焦点，把自己的专业知识和盘托出，我父亲就接不上话，受众注意力的天平顷刻逆转。

由此可见，说话贵精不贵多，在分量不在数量，不论你参加朋友聚会，还是参加工作会议，嘴慢嘴笨都不要紧，把自己知道的跟谈论话题相关的知识和盘托出，说出几句短小精悍让人无法忽视的论断，真的是一句顶一万句，会让周围人对你刮目相看。此时相比起来，那些滔滔不绝的灵巧嘴巴，倒显得有些夸夸其谈。

三、内容具体，把功夫做在细节上

大家都抵触场面话，呼唤真诚，但是有时候我们又不得不说一些场面话，那么有什么方法让别人听了我们说的"场面话"，不觉得我们是在说场面话，反而觉得我们蛮真诚呢？

要注意的地方只有一点：把你那些"场面话"的内容落实到具体的细节上。

我以生活中常见的两个交流情景给大家举例解释，看看到底这个方法怎么用。

第一，当你表达感激时。情景假设：有一天，你事情很多，很忙，我求你办件事，你答应了，也帮我办好了，我想用语言表示一下感谢。有如下两种说法：

（一）谢谢啊，大恩大德，没齿难忘！大恩不言谢，等我飞黄腾达了一定涌泉相报！真不知道说什么好，实在太感谢了！感谢感谢感谢……

（二）你看你今天挺忙的，为了我这点儿事儿让你更忙了，我挺不好意思，但也确实挺暖心，旁边有家咖啡店，那的甜点不错，有空了咱一起过去品尝品尝。

同样的表达感谢，哪种是油腔滑调，哪种是走心之声，不言而喻。

主要关键点在哪里？在于后者提到了吃好吃的吗？不尽然，谁都能听出来后者也是客气话的一种，但之所以它能让你感到舒服，正是因为谈话内容中把你结结实实地放进去了——先是设身处地想到你为了帮我忙而付出的代价，这在另一个层面能让你看出来我是真领情了，最后又把话说得具体不发飘，你当然会觉得后者更好。

第二，当你诉说情感时。情景假设：你是我的授业恩师，某一天你过大寿，饭桌上其乐融融，大伙儿叫我起来说两句，联络一下感情，诉说一下心情。有如下两种说法：

（一）啊呀，老师啊，老师！谁言寸草心，报得三春晖！蜡炬成灰泪始干！我是一肚子的万语千言！要说咱俩感情有多深，月亮代表我的心！祝你活到九千九百九十九！不说了我先来口酒，大伙儿看好了啊，我连干三杯！来来来来……

（二）真的挺高兴能有这么个机会和咱们的老师说两句贴心话。我这人嘴笨，也说不好，但一些事儿总能记在心上。我还记得那年冬天下大雪，天特冷，老师看我脸冻得跟红苹果似的，就给我冲姜汤喝，帮我烘干衣服和手套。大家都知道，老师教咱们本领，更教咱们做人，咱们没什么能表达感激的，也只能是顺着老师的模子，踩着老师的脚印，踏踏实实地往前走。来，大伙儿一起喝一杯，祝老师天天顺心！

你觉得哪个更好些呢？做到这一点需要嘴皮子多利落吗？不需要。只要你在话语内容中插入一个生动具体的细节，引发一个小共鸣就好了。

最后我多说一句。我们经常会看见某些公众人物，公开场合一亮相一说话先强调自己底层出身，表现得要多土气有多土气，甚至给人感觉很傻气。但是人家真的傻吗？而那些嘴巴油得像刚啃过70只鸡腿的人，又有几个是拿到了实实在在的精神、物质双收益？又有几个是真机灵？

总而言之，嘴笨不要紧，大巧不工，大象无形，只要稍作调整，完全可以来一场漂亮的逆袭。

CHAPTER

08

第八章
发展沟通篇

第一节
提问——一种必备的沟通技巧

曾经有一位大学生读者朋友跟我讲，他们大学举办的某活动邀请到了某位名人去做演讲，安排的是演讲结束后让几个学生代表提些问题。他想准备一下，但不知从何下手，想让我说一说向成功人士提问时应注意的事项。

我本科和研究生阶段修读的都是新闻传播专业，又在报社实习过，关于采访这一块确实有一些心得体会。

其实，不光是读书阶段我们会面临向高人请教的状况，即便参加工作后，也经常会出现领导在会上做了很长的发言后，让员工提些问题的情形。

如何向比自己强的人提问题？如何让所提的问题既体现自己的睿智和用心，又充分满足对方的表达欲？

一、问题不要收得太紧

我们都是从学生时代走过来的，脑海中的学生式思维根深蒂固，一个很显著的特征就是：喜欢问标准答案式的问题，类似于选择题，即便是问到一些论述题，也巴不得对方为自己总结出几条几条，几点几点。

然而，现实世界是多元复杂的，很多事物并非黑白两面，越是学有所成的人，越能体会到这个世界的多维，对待一些问题的看法也就越辩证越客观。这时我们提一些"好不好、对不对、该不该"的问题，相当于"逼"着对方敷衍我们。

例如，我们常会在一些讲座现场看见学生代表站起来就问：我毕业后该考研还是该工作？当公务员好、进企业好还是自主创业好？我要想月薪过两万应该这样还是那样？

这种问题让对方怎么答？如果我们是被提问的那个，一方面，不敢轻易说定论，担不起那个责任啊；另一方面，这些事也没个定论，没法说。

这时对方还必须得回答，于是他只好说：都好都好，每个人不一样，看情况看情况，具体问题具体分析……

一句托底的话都没问出来，白白浪费了一次提问机会。

我们向学有所成的人提问，重要的是获取人生经验，而人生是没有标准答案的。我们的宗旨是激发对方的兴趣，

让对方聊得开心，多分享点儿经验，要把对方当导师而不是
顾问。

如果上述那些问题我们真的急于想知道，那也可以换一
下表达方式，比如：

您当初面临这些选择的时候，是怎样决定的呢？是哪些
细节让您坚定了选择？

这样提问，对方在回答时有的放矢，也没大压力，因为
他说的都是自己的经验，而我们提问的目的，也正是想获取
他的一些经验做参考。

二、问题不要放得太开

开放性问题可以问，但千万注意别漫无边际，这样对方
不知从哪下手——要么回答得不痛不痒，很游离；要么一脸
困惑的表情，甚至所答非所问。

切忌问以下的问题：您有什么感想啊？您现在什么感
觉？您的座右铭和人生目标是什么？您对我们年轻人有什么
建议吗？您幸福吗？

这么问，不仅无聊，而且还给了对方一个漫无边际跑题
的机会。

这类开放式问题如果真的要问，那就问得尽量具体点
儿，尽量和自己的生活紧密相关，这样可以让对方的回答有

着力点，不至于太水。

比如：在您像我这个年纪的时候，最大的苦恼是什么，您是如何克服的呢？

我跟您一样有过某某经历，您觉得这份体验对您的事业发展有什么帮助呢？

像我们有这方面经验的人适合在哪个领域做下去呢？

这样问，对方有的说，我们有收获，双赢。

三、从对方所说的话引出提问，切忌另起炉灶

我们经常能在报告厅的听众席上看见这样的提问者：抓起话筒后无比亢奋，满腔豪情滔滔不绝，天南海北地说了一大堆，嘉宾都快打哈欠了他还没提出问题，最终好不容易说完了，大伙儿发现，他全在说自己的事儿。嘉宾不得不反问一句："不好意思，您的问题是……"

这样的情形对于提问者而言，尴尬程度不难想见。

我们提问，可以选择从对方的话里抻出一个由头来，然后再把自己的问题续上。

举个例子：白岩松在给嘉宾做采访的时候有句口头禅："我注意到一个细节，那就是您在刚才……那么我的问题是……"

你会发现，他几乎每次都注意人家细节。其实有的时候

他注意到的细节跟他接下来的问题有呼应，很契合，也有的时候，两者基本没太大关系，但是有了这句话，就让嘉宾觉得自己刚刚没白说，很乐意继续解释下去。

四、将受访者的发言做简要归纳总结，先理解，再延伸

有段时间我在某企业上班，一次领导开会，发言稿念了一下午。

念完之后，领导为了树立亲民作风和与群众打成一片的形象，逼着大伙向他提问题。

前面提问的同事都程式化地溜须拍马，领导心情不很畅快。

轮到一位女同事提问，她站起来说："嗯，刚刚赵主任的发言，主要为我们理清了以下几点。"然后她一二三四五地说出来。

接着，她说："对于第三点的某个方面，我还是没太懂，所以我的问题是……"

那天领导答得那叫一个痛快啊。

为什么？女同事将领导的长篇大论做了提炼总结，领导必然心里合计："嗯，这位员工果然是认真听了我的发言，还很用心。而且，我自己都没发现我说得那么全面，被她这

么一总结，好多我自己想都没想到的点都出来了，真是有成就感啊。"

那有人说："哎呀，我万一总结不好可怎么办？领导不会发怒吗？"

没事的，你可以先加一句："我才疏学浅，可能总结得不够到位。"

五、适当地展开想象力，举一反三，触类旁通

如果你想让自己的问题足够精彩，想让你和对方的思维碰撞出火花，甚至博得受访者的赞赏和好感，那你可以尝试以联想的方式追问。不过这不是一朝一夕之功，需要长期积累和训练。

我们都知道，每个人来自不同的领域，都有着不同的专业与学科背景，事物都是一致的，只不过人家从他的视野角度为你深入地展现了其中的某一面。

而我们也可以就此出发，看一看如果将这一面得出的结论放到事物的另一面，是否依然适用；这个层面得出的经验如果放在另一些问题上，是否可以作为借鉴。这样一来，有意思的问题就出来了。

例如：一位经济学家做报告，说了一大堆经济学理论，你就可以拿出其中一个问他："这个结论，如果放在解决企

业管理上，放在人生规划上，放在生活观念上，会产生什么样的效果呢？是否对我们其他问题的解决有所帮助呢？"

这样思维就发散开了，更多有价值的思考就会被激发出来。

诚然，这确实需要在平时多积累多思考，所以我们说，一个好的提问者绝不是拿起话筒来就问；而提问也是个厚积薄发的过程，拼到最后，拼的还是底蕴和智慧。

第二节
关于写作与公开发言，有几招要教给你

　　不管是写东西还是在公开场合发言，本质上都是一种信息与观点的输出和表达。这些延伸出来的五花八门的分支，归根溯源都生发于一对多模式下的交流与沟通，内在理念都是互通的。

　　相信大家都看过一些武侠小说，或者是带有简单特效的武侠影视剧，咱们以喜闻乐见的《天龙八部》和《神雕侠侣》为例：话说乔帮主英雄了得，一招亢龙有悔打得丁春秋满地找牙，高呼救命。相比之下，刚刚得到无崖子七十年内力真传的虚竹，即战力和临场调度却稍逊一筹，吃了不少哑巴亏；再话说杨少侠初出茅庐之时身兼数门招式，什么都略懂一二，但一见到金轮法王就萎靡不振，后来苦练十六载，

无论是内力还是战斗经验都炉火纯青之后，方才重振雄风，打得那番僧心服口服。综上现象，都与我们要谈的一对多表达有异曲同工之处。无论是写东西还是做公开发言，都是一个内力催生外力、招数呼应心法的过程，内外兼修，不可偏废，否则要么茶壶倒饺子，有货挤不出来，要么跳梁小丑去卸妆，摘掉面具一看还那样。道和术，少了哪一样，在表达的路上你都走不远。

道是什么？是底蕴，是积淀，是内涵。它包括广度和深度两方面，而且修炼起来还是个日积月累、潜移默化、触类旁通、水到渠成的过程。从广度上看，建议大家做杂家。各路武学，玄机百变，要想在同质化明显的表达领域左右逢源，首先你要什么都尝一点。无论你写东西还是说东西，受众提前在潜意识里是有防备的，你只知道一方面，很容易打不到。但如果你多手准备，那你的表达内容里就会"又有风，又有月，又有火锅，又有肉，又有美女，又有蠢驴"。你无法想象我熟练掌握的第一个成语是从《情深深雨蒙蒙》学会的，尔豪的女友说他不可理喻，然后他说你才不可理喻，后来我就知道了"不可理喻"这词儿的适用情景和表达语气；你更无法想象我一天中偶尔附庸风雅，看看莎翁文集，偶尔点开我的电脑，再看一遍《勇敢的心》，偶尔回到农村，看看母猪的产后护理，偶尔睡不着的时候听老郭的单口相声，看一句话怎么说既生动又俏皮。

有人说："一天忙得要死，哪有那个时间去积累啊？！"

没关系，不需要你腹背受敌，只要你有一颗勤于捕捉的心和一对善于观察的眼睛，积累时各取所长，出招时就能多面围攻，各取所需。

道的另一方面，是深度。

甭管做哪行，或者是写什么东西说什么内容，你都得给自己准备出一条道，叫"不可替代性"。啥叫不可替代性呢？很简单：就是有一样本事你掌握得很扎实，有一块知识储备别人挖得没有你深，有一种思路你想得到而一般人想不到，有一件事儿你能干，别人也行，但他们没你干得好。千招会不如一招精，了解得广可以料敌机先，但就是杀不死人，最夺命的封喉剑就是你的不可替代性，那是别人听你说、看你写而不选择其他人的最根本的原因。

给大家举个例子，有一次我参加一个培训班，因为我们是第一期学员，属于摸石头过河，结业大会上领导要求我们说一说每个人的心得，最主要的是给下一届的开班运营工作提出些言之有物的建议和方案。大伙儿都不是管理类出身，话就难免说得有点儿流于形式和套路，很多方案提得不解痒，领导面有愠色稍显尴尬。我运气好，正赶上那时我在研究传播学方面的东西，传播学中有一块内容是组织传播，很多理论和实操经验对一个机构的运行维护很有借鉴意义，轮到我发言时我便借花献佛，从自上而下、自下而上、水平互动、理念塑造、利益挂钩等方面拿出一套方案，领导听后拍案称快，告诉大家好好学。

关于道的两方面就谈这么多。接下来，谈术，也就是具体的招式。

术说来简单做来难，只提醒大家两点：自省、自信。

第一点：自省。传播，无论是一对一还是一对多；交流沟通的形式，无论是落实在笔头上还是嘴巴上，都要时刻提醒自己：它是双向的。

这就要求你一要反省自己的传播内容：它是否通俗易懂？它是否说得清楚，表达得有层次？如果换作是自己来接收发出去的信息和观点的话，能看明白、听明白吗？在这之后，自己愿意接受自己发出的观点吗？很多初入写作这一行的作者发来稿件让我看，说实话有一多半我是看一半就看不下去了，要么不流畅，有便秘感，要么过于追求高雅，有距离感。治病的方法很简单，直接原路返还，让他们扪心自问自己写的东西、说的话，自己愿意读三遍吗？

二要反省自己的传播方式：我所面对的读者他们是什么样的人？他们来自于哪种文化环境和氛围？我这样说他们是否接受得了？在我传播出去的时段上，他们的头脑处于一天中的感性期还是理性期？……很多写手和表达者其实内功一般，但就是把这点做得很好，利用了受众一时的心理和情绪。然而这也是一把双刃剑，偶尔为之即可，不要滥用。

第二点：自信。我能力一般、水平有限，说不好什么样的就算成功，但我能告诉你一次失败的一对多传播是什么样的。

一种叫唯唯诺诺型：写东西不敢亮观点，说话声音如蚊虫一般，没有底气自然也没有精气神，自己说的那套东西自己都不信，这就很难办了。你往台上一站，本来下边的受众群中就会有下绊子的嫉妒者——凭什么你站在台上滔滔不绝，享受着聚光灯的照耀，而不是我？

就此我提醒你：别怕出错，别怕嘲讽，其实犯错成本比你想象的低很多，因为一般人谁上来都紧张，坐台下嗑瓜子的一边轻视着你，一边也在钦佩着你。嘲讽好面对，很多受众其实无心嘲笑，只是你的"视野"太广，他的一个小动作会被你一眼看到，你就容易多心，影响状态。另外，如果真的觉得自己紧张，或者哪里不好，自嘲是个好办法。很多不足从别人嘴里说出来是谈资，从你嘴里先说出来，有消声的效果。

另一种失败的传播方式叫青筋暴起型：为了刻意掩饰自己的不足，声嘶力竭，滔滔不绝。殊不知说多错多，最后自己也露了怯。

写东西时人会犯这样的毛病，具体可以参考一些失败的宣传案例，丝毫不顾读者感受自己单方面高呼：不听我的就注定身处水深火热之中！风景这边独好独好！你越这么说人家越不买账，本来觉得你还行，结果被你这么一吓唬，就会本能地生发出抵触情绪。

公开发言更是如此，你那难以压抑的盛情搞得观众尴尬癌都快犯了，台风不稳上蹿下跳，抑或肢体僵化双手就没离开过胸前，跟大堂迎宾做培训似的。

比较可取的表达形态或许应该是这样：给足对方充沛的信息，表达观点时绵里藏针、全面客观。说话时不疾不徐、清楚有序，频率压稳，语调柔和中透出坚定，抒发情感时辅之以实用的肢体动作。如果什么都做不到，好办，轻松自然的微笑是所有人都能接受的语言。

说了两种失败案例，大家有没有想过造成这种窘境的本质原因在哪儿？就在于一个人不够自信。很多人台下很可以，上台就尿裤子，主要是一对多的传播环境就是一个放大镜，你平时很多掩饰得很好的缺点会被人一眼看个全部。

自信这东西分为两种：一种是你真的很自信，一种是你还没准备好，但你能让别人看出来自己蛮自信。第一种是个长久活儿，慢功夫，你得一点一点去积累、去完善。第二种则可以速成，很多的一对多传播过程也就十来分钟，只要在这段短时间内做到让别人觉得自己蛮自信就可以了。照猫画虎，看看自信的人怎么做的，怎么表达的，你学学样子、走走过场，虽不能技压群雄，也绝不至于沦为炮灰。

其实说到底，无论是传播中的一对一模式还是一对多的局面，最重要的是什么？是道吗？是术吗？不，都不是。最重要的是真诚。

第三节
怎样说话显得有趣

这真的是个老生常谈的话题了。

闲话不多讲，一共就四条。

一、当你不刻意追求什么有趣不有趣时，你自然就"有趣"了

这话按理应该在最后说，放前边讲相当于喊了声"散会"；但这是内功，做人总是一个由内而外的过程。

我们总是纠结于如何做到有趣，但甭管你信不信，有趣就像你昨晚做的梦一样，知道它好，但你不能刻意想，越想

越抓不着，越想越忘。

你不清楚有趣长什么模样，但我们平时都看过很多无趣的嘴脸吧？无趣的人有什么特征呢？太计较、太多事、太敏感、太把自己当回事儿。

那反推之，有趣的状态应该怎么达到呢？很简单：别太计较，别太多事，别把自己搞那么累呗。

当一个人刻意去追求什么，那他一定会失去得更多。

所以第一条，只提醒大家，放松点儿，每个人都不一样，有趣这东西，能做到固然很好，做不到也罢，不耽误你吃饭睡觉，更不耽误你各方面的圆满。

二、慢慢培养并保持对这个世界的好奇心

我们在生活中常会觉得什么样的人无趣？或者跟什么样的人聊天能把话题活活聊死呢？

这样的人都有一个共同特点：觉得一切都没意思，不稀奇，你跟他说什么他都不感冒。结果，常说没意思的人自己就很没意思，因为大伙儿都不爱找他说话了。

你跟他说：哎，我去了一个地方，蛮好玩的，那里如何如何。

他多半会觉得你在炫耀，冷冷地回复一声"哦"。

你跟他讲哪部作品或那个明星如何如何，他也是一脸的鄙夷：嗨，看过，见过，听过，不过如此。

你忍无可忍，把话题引向以他为中心，他非但不领情，还会很冷漠地说："也就那样吧。"

完了，没了，多一句话都没有，让你没法接。

你提的话题是开放式的，他的回复永远是闭合的。究其根本，不是他的话在闭合，而是整个心基本已经对这个世界关上了大门，觉得世上所有的东西也就那么回事儿。这就很没意思了嘛。

想让自己看上去是有趣的，首先就要把心放开，把眼睛擦亮，多去探寻些能调动你兴趣的事物，或是在平淡的如白开水的日子中发现美，发掘出乐趣。

这样，别人在跟你聊一件事的时候，你会本能地从里面挑出自己感兴趣的元素，去追问，去质疑，你一问人家一说，这话题就聊开了嘛，说不定还能发掘出两人志同道合之处，那就更是酒逢知己千杯少，其乐融融，双方都感到畅怀了。

三、姿态放低，宽容别人也饶过自己

无趣的人最大的特点就是开不起玩笑，但凡听到对自己

不利的信息和观点立马纠正或反驳，抑或黑脸相对。

其实这都是自己内心不够强大的表现，也是把自身形象看得过高过重了。

每个人都有那么一些优缺点，但优缺点往往都是一体两面，它们结合在一起叫特点。

当别人拿你的某个特点的反面开个小玩笑，就任他开嘛，当然，这里不是提醒大家要做软骨头，涉及原则问题还是要捍卫的，只是纠偏一下。不要让自己满身是刺，松弛一点儿，放松一点儿，并不是每个开你玩笑的人手里都拿着刀。

而且，你还可以通过适当地自嘲来展示内心的强大。

示弱和自嘲不仅是一种勇气，更是一种智慧与涵养。为什么这么说呢？因为从人性方面看，大多数人是比较排斥和一个比自己高大上很多，完美得无懈可击的人交往的，当一个人觉得他比下有余时，往往会得到一种精神上的安全感与成就感。所以说，适当地示弱和自嘲可以博得他人的信任与好感。

另外，当你越是把自己弄得三百六十度无死角，别人就越愿意从你身上挖墙脚；你越在乎自己的形象，就总有人想抢先一步去戳破你的表象。在这方面，还真是有人先下手为强。

而如何善于自嘲就是一门学问了。也不难，记住两点即可。

1．率先摊牌，化于无形。

我高中时有一个同学，叫焦文轩。开学第一天，老师让同学们逐个上台做自我介绍，结果我们的文轩同学淡然地走上讲台，郑重其事地说："大家好，我叫焦文轩。大家如果没有听清，也千万别再问我姓什么，因为我没办法回答你。"

全班都笑开了锅，老师也被他逗乐了，一阵欢笑后大家还不忘鼓起掌来，被他的幽默感折服。我相信这份幽默感是他在被嘲笑过无数次后累积起来的，当自己把一些事都看淡了，还能轻松地从中发现乐趣并与人坦然共享。

2．当瘸子面不说短话。

其实自嘲放在今天如此包容开放的社会里，已经不是什么难以掌握的技能了，大家都比较善于拿自己的短处说事儿，但有一点如果不加注意，就会在自嘲的同时伤害到别人，反而让自己自讨没趣了。

什么样的自嘲比较讨厌呢？相信你也遇到过：

一个身高一米七，体重四十五公斤的小女孩当着你的面说："瞧啊，看把我给胖得，真是死的心都有了。"

一个十六七岁的少年，站在已经奔三的你面前，张口就说："哎呀，老了老了，不中用了，眼看自己就要被社会淘汰了。"

一个身材姣好的女郎站在一个相貌平凡的姑娘身边说："啊呀，你看我多丑啊，在这个以貌取人的世界里，我都不知道该怎么自处了。"

相信你也能看出来，这不是自嘲，这是披着自嘲外衣的自吹啊，所以自嘲也要讲究实事求是，千万别在比你还差的人面前说自己哪方面不行。

四、让他人透过你看到更多维的世界

我们谈及如何成为一个有趣的人时，在一开始就提到要培养自己的好奇心。其实人人或多或少都有点儿好奇心的，只是大家关注的方向不尽相同。

人与人交流是双向的过程，当我们试图从别人传递的内容中去发掘和探索自己感兴趣的东西时，别人也抱有着这样一个小小的愿望：给我一点儿新鲜体验吧，让我从你这个望远镜里看看世界的另一个样子。

当一个人对外界事物充满好奇心，对世界充满热情，同时他提供的内容又能在一定程度上满足他人的好奇时，那这个人想不有趣都难。

所以，如果你也想从此成为一个有趣的人，那不妨先着手让自己成为一个有内容的人吧。内容来自何处？内容来自你的想法，你的阅读积累，你的生活体验，你的所见所闻与所感。

当你自身是丰盈的，自然会有渴望着丰盈的灵魂来与你打交道，其对你有股切的热望，想从你这里得到对这个世界另一种解读方式，另一种价值观念，同你对话总能碰撞出新的火花，因你自己本身就是一个有趣的点。

所以说，充实自己，沉淀沉淀再沉淀，这是有趣的根本，只要这一点做到了，你不会说话都没关系——有人会觉得你有个性，不会讲笑话都没关系——你本身就足以让人产生乐趣，甚至你自己都觉得自己无趣都没关系——别人会对你一直保持着好奇与接触的欲望。

总而言之，想做到有趣，无非就是四点：不刻意、不强求，有好奇、爱汲取，放轻松、善自嘲，打造一个更加丰富的自己。

CHAPTER

09

第九章
沟通细节篇

第一节
有一句话，你可千万不要提

有一句话，你千万不要说，但凡说出口，就会出差错，无论是涉及亲情、爱情、友情、事业，还是自言自语，都不要轻易触碰它，它一出现，别人很难受，你自己也不快乐。你想得到很多东西，它一出现，就会带走更多；少去想它、少去碰它，反而会为你带来意想不到的收获。

一

我曾经认识一个姑娘，后来我们成了好朋友。那姑娘怎么形容呢？真的是只能用一个"好"字来概括。也不是说她多漂亮，但样子让人看着十分顺眼。相由心生，她人也好，有那么一点点自己的小性格、小坚持和人格魅力，总之就是方方面面都挺不错的。

我这人就是咸吃萝卜淡操心，有一段时间我听说她谈男朋友了，我心里就一阵打鼓，就像是有强迫症似的，特别担心那个男生配不上她，或者说对方人不行啊，对她不好啊什么的。

正好有那么一回，那姑娘在我这寄存了点儿东西，然后她有事先离开，让她男朋友过一会儿到我这取。约定好时间后，我内心对这次的见面是有点儿期待的——看看这男生到底怎么样。

我那天下午见到他第一眼就喜欢上他了（当然，不是那种喜欢）。就觉得，他怎么看怎么好。他一米七出头，面相和善不讨厌，穿着打扮规规矩矩、干干净净。他很温柔，但又不过度，学历很高，有涵养，还不盛气凌人，那种平平淡淡的底下还透着一股不锋利但能感觉到的气场。自信，从容，优雅，又不失男性特征，给人感觉像午后的小太阳似的。我要是女的，我肯定追求他。

他看我也挺对路。后来我两一来二去就熟了，没事他也会背着女友出来跟我吃个饭，或在微信上说两句。

有一次闲聊的时候，我问他谈恋爱有什么方法或是心得没有，他想了会儿说没有。

我说那你平时都对女朋友怎么个好法啊？我总是听她对你赞不绝口的，你都做什么了，具体说说。在我一通逼问下，他噼里啪啦说出来一大套，各种事件、各种讨欢心的行为，听得我是肃然起敬。人之常情，我听完后就忍不住问了一句："你对她都这么好了，她平时对你怎么样啊？"

小太阳愣住了，是真的愣住了，那感觉就像是他正在背文言文，你突然问他狭义相对论是否有漏洞一样。

我以为我没说清楚，就又补了一句："你为她付出那么多，给予她那么多，为她做了这样那样的牺牲，她对你呢？她对你怎么样？"

小太阳想了想，很严肃地对我说："你写文章逻辑都挺严密的，怎么说话会问这么道理不通的问题？"

我说："哪里不通？你对她好，她当然要对你好啊？！凭什么你付出那么多，她一点儿回应都没有？"

小太阳更加认真了，仿佛是在纠正我一个公式推导上的错误："不不不。首先呢，她对我也是有回应的。但你这么说还是不对，你看哦：A喜欢B，A选择对B好，这个过程，满足的是谁的需求呢？是A的需求。B需要A给自己送玫瑰、摆蜡烛，对自己多么好吗？B不需要的，B本来就过得好好的。在这时，A通过对B好，满足了自己精神上对自己所喜欢事物表达爱意的需求，不再憋闷了，A自己本身就舒服了。至于B是否等量回馈，那是B的事，跟A有什么关系呢？你刚才问，我都对她那样了，她为什么不如何如何。你这句话因果不成立啊，凭什么我对她怎样她就必须得对我怎样啊？"

说完这段话，他继续吃了口米饭，一边嚼着一边眼神坚定认真地看着我："你想想，是不是这么回事儿？"

那天吃饭结束后，没隔几天，姑娘跟我说她打算和小太阳结婚，我说"恭喜"。

二

我有一个发小，父母离异，都是爷爷奶奶跟姥姥姥爷抚养他长大。小时候都住一个村里，每逢放学啊，周末啊，我们俩就经常会去两对老人家串着玩，一三五去他爷爷奶奶家，二四六去他姥姥姥爷家。

其实两家老人都挺热情，对发小也都挺好，只是可能展现方式不同吧。

爷爷奶奶对发小的期望较高，管得也比较严，我去找发小玩的时候经常看到他爷爷一脸凶巴巴训斥他的场景。他爷爷训斥他最常用的一句话就是："我们对你这么好，你居然不知回报，回回就考这么点儿分，还有脸玩？小白眼狼！"

即便是在不发火的时候，发小的爷爷奶奶也是三句离不开目标，在饭桌上也会经常问："将来想干什么啊？最近又拿什么奖励没有？爷爷奶奶有一天不行了，你会不会照顾我们啊？"

而每当我们去他姥姥姥爷家玩，耳边的空气安静得就像真空一样，蝉鸣鸟叫都听得清清楚楚。

老两口沉默寡言，表达欢迎和喜欢都是一脸的微笑，伸手招呼我们进屋玩，然后姥姥就会把围裙一扎，直奔厨房，姥爷则穿上大衣往门外走，嘴里低声念叨着："买鱼，我大外孙爱吃鱼，买鱼……"

饭桌上，姥姥姥爷找不到什么话说，就笑眯眯地看着我俩狼吞虎咽，不断地给我们夹菜。整整十几年，似乎每次都这样，偶尔气氛火热，老两口也顶多是笑的声音再大点儿，然后多重复几遍："爱吃……爱吃就多吃，多吃多吃。"

后来我们都长大了，大学放暑假去他姥姥姥爷家做客，席间也是安静的，只有碗筷碰撞声。我俩若想好好跟他们聊聊，就会主动说起一些大学里的事，做什么又做成了，哪件事儿又没做成什么的，结果姥姥姥爷也还是同样的反应，听到好消息也只开心地说："好啊，好。"听到坏消息就笑着应和着："我们也不懂，不懂。"

岁月无情，两家老人中都有一位离世了，但爷爷去世的时候，发小伤心倒是伤心，就是怎么也哭不出来；而姥姥离开的那一天，他说了句"最疼我的人没了"就再也压不住泪水，哭了整整一晚上。

我知道发小对两家老人都抱着同等的感恩之心，但一个能哭出来，一个哭不出来，说明了什么？

三

我以前跟人说过，说我最开始写的几篇文章，现在看来特别不像样。最开始写的时候，对文字抱有的期望值相当高，特别想火，非常期望文章能为我带来什么。但另一方面也战战兢兢、如履薄冰，不敢轻易做判断，总是瞻前顾后、患得患失。那时候我的发稿量不大，但压力却相当大，但凡谁说点儿不好，我都会别扭得不行。

有一天我在网上看到一篇有关孟非的人物专访。他说了这样一段话，让我感触很深，他说：

我也是这几年才发现：这人啊，得到的东西都是暂时的；相反，他失去的东西，才是永恒的。我这人从小就特排斥竞争，甚至害怕，但后来我也找到个应付办法。一件事过来，我先去想我做了它之后，能导致的最坏最差的后果，然后看看这个后果我能不能承担得起受得住，要是不能，我就不做了，要是能，妥了，那就放心大胆干，干得那叫一痛快！我发现人都是什么时候最无敌呢？都是得豁出去的时候最无敌，不论是处理情感人际关系，还是说做事，但凡你能豁出去，或者是找个方法让自己豁出去，那结果肯定错不了。

我反应了一会儿才算把这段话琢磨明白，也是从那天开始，我写文章越来越松弛，读者也说感觉越来越像聊天。那时候我知道是对了，我要的就是"聊天"。

刚开始特拿这东西当活干，总盼着它能挤出点儿油水来，结果越使劲越挤不出，后来一想，自己有手有脚有脑子，干别的也能养家糊口，就彻底不纠结了。反倒是从那以后，很多签约和出版的机会开始一个一个地光顾我。

以前我投稿的时候，一旦遇到被拒绝的情况，心里特别委屈：我写得这么用心，凭什么就拒绝我啊？我都这么卖力气了，凭什么不给我正向的反馈啊？

我越这么斗气，越这么用力，发现越写不出像回事儿的东西。后来当我干脆问也不问，想也不想，一门心思地写，原来抓也抓不住、够也够不着的东西，反倒是主动找上来了。

有一天有人问我说："你觉得做人做事啥样好？"

我脱口而出："破执太重要了。"

第二节
想通这个道理，你再发脾气

　　大学女寝是非多。一位读者朋友跟我说了一件事，挺有意思。

　　她们寝室姐妹几个平时相处都挺好，也不说好到八个人穿一条裤子吧，反正大面儿上是都过得去，在一起住一年多了，谁也没跟谁撕破过脸皮。

　　日子就这么看似风平浪静地过着，然后某天晚上，八妹的情绪爆发了。

　　那天晚上天气不太好，大伙也都没什么事，几个人就都窝在寝室里，聊天的聊天，看视频的看视频，各忙活各的，都挺好。

　　偶尔呢，比如说大姐看到哪个段子可乐，笑出声，跟二姐说说。

三姐跟男友一言不合挂电话，拉过四姐来唠叨几句，顺带着分析一下男人的心理。

老五、老六、老七也是边消磨着时间边相互有一句没一句地聊着。

屋子里一直就是这种状况。

5分钟过去，一切如常，10分钟过去，一切如常，大约在晚上10点半左右，八妹暴怒："你们七个，没一个好人！"

一下子，小屋安静了。

"你们眼里有别人吗？你们有教养吗？！"

三姐心说老八这是说梦话了？因为见她在床上躺着，但刚才看手机的时候好像还看见老八发朋友圈了啊，应该是没睡啊。

三姐往上铺瞄了一眼，伸出手戳了戳老八："宝贝你怎么了？"

"滚开！"老八以迅雷不及掩耳之势，自床上坐起。

蓬乱的头发好像刚刚被几十双手抓过，愤怒的脸蛋上挂着斑斑泪痕，目光犀利，恨不得吃了屋里这几个人。

大家都以为出了什么事了，高低音和声道："到底怎么了？"

八妹略微调整情绪，开始稳定输出："我，我明天要参加一个活动，特别特别重要，学生会的部长让我今晚想出一个策划案，我一直没思路！我躺在床上找灵感，就听你们几个在叽叽喳喳地说啊说，说得我脑子都快炸了！我忍了你们三个多小时了，你们还没完了！我不能再这么被你们欺负了！"

老四是个性情中人，听了这话已经准备拿起武器直接攻占山头了，最终被几个姐妹拦了下来。

那天晚上整个寝室都出奇安静，以后的日子八妹也渐渐地开始不合群……

这本是一个可以扼杀在摇篮里的矛盾，八妹只要在她"忍耐"的三个多小时里，抽出那么一两秒钟，探头跟大伙说一句："哎，你们小点声儿呗，我今晚得弄点儿东西。"

然而就是为了省这么一句，最终带出了那么多不必要的气。

生活本无事，闲人自扰之。人与人相处，最需要的就是坦诚相见，释放给对方充分且真实的信息，然后彼此再互通有无，在敏感地带划出三八线，在大家都舒服的地域搭建自由贸易区。

最怕的是什么？是信息封闭。有话不说，在心里憋着，表面上乐乐呵呵、一团和气，背地里把自己憋得要死，恨不得扎个小人报复你。

后来我也想，那些有事当时不说，非得等矛盾激化到一定程度才翻旧账并导演一场情绪大爆发的人，都是什么心理？

慢慢地我想明白了：有些人的最终目的，只是为了证明自己绝对正确，为了让自己百分百占理。

萌芽期的矛盾还没长成形，如果这个时候心里不顺，直接说出来，那对这些人来说是不够过瘾的，因为说出来之后对方也没什么错，更改一下行为就成了，搞不好还会把责任引到自己身上。

如果选择隐忍不发，有错先不挑明，先给你攒着，这样一来，积土成山，风雨兴焉，到最后量变产生质变，一爆发，产生的打击力不可阻挡。

这世界上，"我忍你很久了"是一种矫情，"来吧，咱们把以前的账都算一算"是恶人的口头语。

多点儿真诚，少点儿套路，生活不是破案，没必要什么事都罗列证据。

勇于向对方表达自己的真实诉求，正向地说出你想让对方做的事，这是将人际矛盾化于无形的好方法，简单又有效。

在这个千丝万缕的人际关系网络中，除了事后的"我认真跟你讲"，还有一句更有人味儿的话，讲在前头更得体："为了避免发生不愉快，我需要你……"

第三节
为什么说交往中需要厚脸皮

记得当初刚升入大学的时候，最开始面临的是军训，大家都来自五湖四海，军训了几天后才开始分班。

既然是分班，那每个班都得由辅导员老师选个临时的头头，方便军训期间信息的上传下达和组织管理，也叫临时负责人。

那这个头头是怎么选出来的呢？暗箱操作？没必要。按成绩择优选拔？也不太科学。按一个人的综合素质和管理能力全方位考量？没时间。

赶鸭子上架，来不及考虑太多，最终这些个头头还是选出来了，靠什么选的呢？基本上是靠眼缘。

要注意，这里的眼缘，可不是指颜值，而是一种心理上的相对亲切感与安全感，就是我们常说的——脸儿熟。

如果仔细观察你会发现：貌似每个班都有那么一两个人，他们一开始就会给人留下深刻的印象。

可能是发放物品的时候他们第一个站出来帮忙，可能是老师叫人的时候他们第一个回应，也可能是教官发布口令的时候他们第一个做出反应动作……都不是什么大事，但这些细节让他们显得有些"不同"。

于是，他们在辅导员老师那里就有了一点儿眼缘，挑选临时负责人的时候，会优先考虑他们——毕竟对其他同学没什么印象。

好，接下来，正式开学，每个班级要正式选拔班委会成员了，那班长的位子谁来坐呢？选拔的结果基本没有意外，就是由那些临时负责人来做班长。

是黑幕吗？完全不是。

临时负责人在军训期间不光在辅导员那里留下眼缘，在同学的心中也留下了眼缘，你投选票的时候，对每个人都了解不多，唯独对这个临时负责人蛮脸熟，于是不由自主就选他做班长了。

好，事情到这里还没完。

开学一段时间后，各学院要组织成立年级的学生会一类的组织了，组织机构要搭配一些学生干部和骨干成员，那么这些职位又由谁来担当呢？基本上是各班班长（他们的前身是军训时的临时负责人）。

原理还是一样——脸儿熟。

那么事情到这里就结束了吗？不，蝴蝶效应才刚刚开始。

从军训期间的普通同学，成为临时负责人，再到班长，再到学生组织的干部，这一连串的"升迁"经历，不仅让他们有了更多的实践机会，也大大增加了他们的自信，与之相伴的是一份"永争第一"的心态。

招聘面试时，吃到过眼缘甜头的他们，本能地会表现得冒尖。

言谈举止落落大方，求职态度积极开放，相比于其他人，他们在面试官那里再次留下了比较深刻的印象。

在日后的职场中，这方面的性格特质会慢慢地内化成他们的基因，任务争取抢先完成，接到指令及时回应，时时处处展示自我，敢于沟通乐于沟通，敢于合作更乐于合作。

就这样，一些东西成为习惯，浸润进性格，潜移默化地改变了思维方式，更作用于行动，进而改变了命运的走向。

相信很多读者读到这儿已经坐不住了："天啊，这是什么逻辑，学生干部就一定是成功人士？太多学生干部最终都沦为普通人了，好吗？"

嗯，我知道，你也别急，咱们今天聊的，倒不是说非得当个什么官才有多牛气，我说得夸张些，是想让你更直观地体会到一点东西。

无论在求学阶段还是将来步入社会打拼，有一点是肯定的：我们会不断地加入各种新成立的圈子和团体。

多数情况下大家水平差不多，在同一起跑线上，长远来看不用说了，肯定是靠实力，但眼前的抢位与机会争取靠什么？有一条我可以肯定地告诉你：靠脸皮。

"脸皮厚吃个够，脸皮薄吃不着"，这是民间的一句俗语，你听了可能不太服气，那我们不妨理性地分析一下：

假如你是一名老师或是一个组织的领导，你在短时间内任命下属的时候，靠的是什么？

实事求是地讲，换作是我，我也不得不选择靠眼缘。就好比我在开会，底下坐着一批新人，我说什么都没人响应，搞得我尴尬症都快犯了，这时如果有人表现积极，我真是会如久旱逢甘霖一样啊。

那有的读者问了："你昏庸了吗？你不清楚他这是在拍你马屁吗？"

不好意思，人性使然啊，我可以给你个失望的结论：当一个人拍我马屁，我又想提拔他的时候，心里的小白人会说，他这是在拍马屁，心里的小黑人会立刻说服小白人，别把人家想得那么黑暗，人家这叫积极要求进步。

你瞧，我就算知道他在拍马屁，我也会本能地选择不介意。当然，我的意思不是鼓吹大家多拍马屁，我所强调的厚脸皮，不仅包括勇争人先，更是侧重于少顾及面子，抛开玻璃心，做事求效果，凡事豁得出去。

在这里拿我父亲举个例子吧。

我的父亲很平凡，普普通通一个农民，有一个最大的优点——厚脸皮。

他是一个特别喜欢跟人沟通打交道的人，买东西时跟完全陌生的摊主都能聊半天，虽然到最后也没见人家给他多少优惠，但这么多年他还是逮住谁就跟谁聊。

更有意思的是，他好像有个毕生追求：誓要跟他这辈子碰见的所有人都搭建人情关系。

你不知道我在叛逆期的时候对他的这些举动是有多么不屑，甚至可以说是鄙夷。我最不愿意跟他一起出门，觉得太丢人。看着他笑脸逢迎别人，尤其是碰上几个端架子的人，经常碰一鼻子灰，我就替他难为情。

我劝过他："你看，人家都不拿你当回事儿，你瞎忙活什么劲儿啊！干吗把自己弄得这么不堪？"

他完全不觉得。

我觉得他好幼稚。

后来的一次经历使我有了改观，让我清晰地发现，幼稚的人其实是我自己。

母亲身患重病，父亲带母亲跑遍大半个中国求医，愣是给治好了，这甭说对一个农民，即便对一个白领来说也不是件简单的事，中间要经历很多、应付很多，我父亲全靠着一张嘴。

有一次陪母亲做手术，我也跟着一块儿去。当时病房里还有另外一对夫妻，也是妻子生病，丈夫陪着。

那几天我在病房里看这两对夫妻的境遇，真的像看着两部完全不同的情景剧。

我爸在这边忙前忙后，但凡遇见一丁点儿不明白的地方张口就问，问一个还不保准，问完大夫问护士，问完护士又跑去问主任医师，反正问问也不花钱，不问白不问。不出两天，前前后后所有流程，大事小情，各种情况怎么处理，我爸门儿清。

对床的那个丈夫，貌似什么都懂，每天正襟危坐、举止潇洒，酷酷地看着我爸跑东跑西。

我爸充分发挥特长，开启了旋风聊天技能，不出三天，大夫、护士、保洁人员、门卫、水果摊大爷、饭馆小老板都成了他的熟人，尽管跟往常一样，也都是面上熟，但都能说得上话。

对床的那个丈夫继续酷酷的，跟叛逆期的我一样，对我爸这些举动的不屑之情溢于言表。

手术后第二天，母亲身体出现点儿状况，需要调到监护病房，但当时床位紧张，手上的钱还不够，父亲忙里忙外，三下五除二就把这件急事给办好了。问他怎么办的，他只是笑呵呵地说："我认识个人，这回派上用场了。"

事情巧就巧在这儿，对床的妻子手术后貌似也出现了情况，总之看她蛮痛苦的，丈夫完全乱了阵脚，手足无措，连病人怎么扶，到哪找窗口都不知道，妻子疼得满头大汗，抱怨着他什么也不会干。当时的他，一点儿也不酷。

一个脸皮够厚的丈夫，不讲究那些没用的东西，不顾及什么脸面，所有的目标最终都指向能让老婆、孩子过得更顺畅一点儿，然后自己笑嘻嘻地承担起被鄙视的风险。

母亲是有眼光的，她从没因为父亲这样而觉得他懦弱，觉得他不够男人，不够有趣，不够有腔调。恰恰相反，她最看好父亲的品质就是这一点。

一位大学毕业不久的姑娘发私信问我："我初入职场，经常被上司骂，特别没面子，以前我从没被这样对待过，不知道领导们为什么就只针对我。像我这样刚刚步入社会的学生应该怎样调整心态？有没有什么好的建议？"

我想了想我爸，又想了想评书里的段子，借用了一句话回复了她："古今成大事者，状元才，英雄胆，巴掌厚的一张脸。"

CHAPTER
10

第十章
补充总结篇

第一节
你与成熟的距离，只差这一句

一

大学期间的辅导员老师，我们叫他超哥。

他才华横溢，嗓音好听，文笔过硬，做过省学联主席，各种场合出席无数，却挑不出一次毛病。

他相貌英俊，可谓玉树临风，不知迷倒了多少学姐学妹，堪称人中吕布。

以上都是后来的印象，刚入学那会儿，我可不这么想。

我来自农村，借着升学的机会第一次跨进省城，心里除了对周遭事物抱持着一种新奇感之外，也对一些从前未曾目睹过的处世方式不甚理解，乃至嗤之以鼻。

就拿超哥来说，他如此出众，却一丁点儿傲气都没有，跟学生讲话也是客客气气，极为温柔体贴。我素来秉持着这样的信念：人无完人，形象越是高大全，就越可能有不堪的一面。

顺着这样的心境去考量超哥，目光便更加刁钻挑剔了。皇天不负苦心人，终归还是被我人为地总结出一些破绽：柔韧有余，魄力不足，注重细节可以看作斤斤计较，礼数周到可以判为矫情虚伪，缺乏男子气概。

阿Q先生的遗风帮我重新找回心理平衡。

再见他常将"请"与"谢谢"挂在嘴边，心中不禁暗忖：谢什么，真够酸。

再见他与谁打交道都是和善得紧，也自顾自地挖苦道：我们的绅士又出门了啊，收买人心。

时值寒冬，一个风雪交加的夜晚，学院的几个老师下班后要将一些办公桌椅抬往别处，人手不够，邀我凑数。

一阵折腾，终于干完，大伙的手脚已是冻得发僵。

其他几位老师取暖过后，渐渐焕发神采，彼此聊天打趣，满屋子只有我沉默寡言。我很是尴尬，遥望着那些人，不知如何是好。

超哥走过来端给我一杯热茶，坐在我对面没话找话。回想那时的我，对于假惺惺的同情素不买账，便狠心决定要用揶揄的眼光死盯着他的笑眼，看得他不自在为止，却不料升腾的蒸汽每每遮住我这顽劣的视线，他的面庞也愈发朦胧起来。

敷衍了事后，我起身要走，几米外的人仍是欢快得很，并没有人意识到我的离开。行至门口，超哥高八度的嗓门叫定了我的名字。

我本能地回过头去，又撞见他那和善的目光，但全然没有防备，已是来不及冷眼相对了。没等我回过神来，他又将我的名字结结实实地念了一遍，中间停顿片刻，仿佛在等着其他人的注意力塞进来。安静的空气再度被"辛苦"两个字划破，转瞬便又恢复了安静。

我说声"没事"，闪身移出门外，下楼时猛然意识到自己上扬的嘴角，心里才知道已被他"俘获"了。

二

大学二年级，为补贴生活开销，我寻了一份拼脚力的活计。

天气寒冷，宿舍楼内学生们连取外卖的心思也省了，周边商家看准需求，雇用外卖人员将饭菜直接送到每间宿舍的门口、床前。我就干这活，一月900元。

起先确实低估了艰辛程度，料想每天都有人把几盒子饭放到楼下，我去取，然后再跑到每个宿舍一分即可。

干了几天才体会到时间与空间的双重挑战：不仅正常吃饭的时间有人订餐，基本上全天任何一个时候都有人打电话订餐，而且从一楼到七楼也比想象中远很多，循环往复地上楼下楼，让我总算明白了劳动人民为什么对诗词歌赋兴趣不大——因为没时间想。

每天在楼下与我交接口粮的同事是一位打工多年的老大叔。本同处于一片天地，他指甲里有泥而我没有，这仿佛成了一段跨不过去的距离。

格格不入的感觉让我们斗了几天，每逢他打电话喊我下楼拿货，我都没个好声气；我针锋相对，见面时也是怒目而视，用粗鲁的肢体语言展现我的入乡随俗。

楼下的气氛让人窝火，楼上就更不怎么样，点餐者们把我当成了专业打工仔，一次找零时出了差错，对方竟脱口而出道："没上过大学到底是不一样！"

当时我见这位同窗那不可一世的姿态，心中竟生发出一种惭愧——眼前立着的昏聩小儿，仿佛就是我自己。

自那以后，每逢与指甲里有泥的大叔交接货物，必要道声"谢谢辛苦",冰雪封路时还要嘱咐一句当心脚下。开始大叔尚不明所以,用奇怪的眼神望着我。日子久了,他竟也儒雅起来,见我飞也似的朝他奔来,往往会摆摆大手,喊声"慢点儿",再见我飞也似的离他远去,也会追加一句"上楼小心"。

打工生涯的最后一日,恰逢参加学院内的演讲大赛,事毕后才知道饭点已到,我将获奖证书揣在怀里往回奔。行至楼下,大叔已等候多时,见我西装革履,退了半步,又将饭菜递给我,报了门牌号,临走时只说声:"人还是那个人,换了身衣服怎就这么气派。"

我想前半句是对的,也是错的,便不禁认真地看了他一眼,道了声谢。

皮鞋踏在楼梯上噼啪作响,无巧不成书,我最后一次送的饭,竟还是交到了那位高傲同窗的手上。饭盒与衣衫是如此不协调,搞得他也犹豫起来,不知将眼睛放在饭盒上还是我的衣衫上。

"你……你也是这栋楼的……学生?大学生?"

我找好零钱,没有回话,下楼走向自己寝室时想着:以前还担不起这个名号,现在已确定是了,但你未必。

三

每逢过年，父亲总要拿起手机，逼着我挨个给远亲近邻、老师朋友们拨电话，道声好，问个安。

这个流程太过煎熬，父亲与我的处世哲学颇有出入，他是有一说十，我是木讷愚钝，总想着话不可言尽，心里有就好。我和他因为拜年电话的问题不止一次地发生过口角。

母亲往往是父子关系最好的斡旋者，她的话更入耳些，见我满肚子不快，劝导我说："打一打是有好处的，感情在于维和。"

我不信：实在没什么必要，知道你有这份心的人自会知道，不知道的就让他们不知道。

母亲耐心地笑着，缓缓地说："可人就是这样吧，你不说，他们几乎永远都不知道。还是得说的，还是要说的，多一句，就很不一样。"

我抱定此宗旨执行了几次，中间也遇到些坎坷，许久不联系的谈话对象，确实聊起来生疏得很，有时说几句寒暄的话就卡住了，再没下文。

我想就此作罢，挂掉电话，母亲连忙在一旁挥舞起她那厚重的手，示意不要。我无奈一笑，用唇语跟她讲："确实没什么好说的了。"

母亲先是一笑，爱怜地瞧着我，手指略微卷曲，敲敲自己的脑袋。她是让我再想想，再想想。

我沉下心来，只好挖掘与通话对象的一些人生交集与共同经历作为谈资，哪知本是用来搪塞时间的废话，却越讲越有生趣。电话那头的甲乙丙丁，一开始也尴尬地笑着，不出片刻，话匣子也缓缓打开。我甚至能切肤地感受到：每当我讲起我们之间发生过的一件小事，电话那头惊喜的神色，与拍在大腿上的欢快手掌。聊至兴起，讲起一些经久不变的吉祥话，竟也平添了几分重量，谈及相识相遇，彼此感怀时也是双向的恩谢。

我挂掉电话，心满意足地看着窗外，鞭炮齐鸣。

吃过饺子，陪家人说了会儿话，守岁至凌晨，和衣入睡。

火炕在凛冽的冬日升腾起层层温暖，心知自己又长了一岁。

生存于这个庞大社会中的我们，常常深陷在人际关系的汪洋大海里。

也经常有读者朋友发来私信抱怨："这人际交往太复杂了，动不动就得罪人，要么就被人说成是情商低。"

我平常比较热衷于关注人际交往与社会心理这一块，经过多年观察得出结论：人际关系并没有我们想象的那么复杂。

想要在这看似浑浊琐碎的人际社会里游得欢畅，只需要你注重语言、态度与行为这三大方面即可。

下面就立足于这三个最基本的大方面为大家提几条人际交往中的小建议。

（一）关于交往语言

1．不要指摘同一个朋友圈里的人

《增广贤文》有言：谁人背后无人说，哪个人前不说人。这放到当今社会也是一个比较普遍的现象。

男同胞比较喜欢议论领导或朋友的是非功过，女同胞更是对小道消息与八卦交换乐此不疲，这都是人之常情。

但提醒大家一点，尽量不要指摘同一个朋友圈里的其他人。

可以负责任地告诉大家：这世界上但凡话语说出口，就没有保密可言。世界上没有不透风的墙，身处在同一个圈子里就更是这样。

指摘与议论传来传去传到当事人的耳朵里，你将来的人生路上必将少了一个铺垫，多了一道坎。

在与人交谈时，务必要管住嘴，守住心。能不在背后议论尽量不在背后议论，如果遇到特殊情况非说两句不可时那就记住：能少说一句是一句，话不说满不说死。

2. 说话讲究节制与节奏

首先是说话要有节制。谁都有酒逢知己千杯少的时候，遇到看似聊得来的交谈对象，我们话匣子一打开收都收不住，在聊得昏天暗地的时候，也请大家注意一点：言多必失。

一个是你们的志趣相投真的有可能仅仅是看起来志趣相投，要记住，与你交往的是人而不是木头，对方有可能在沟通过程中时时顾及你的感受。这时，对方的心理禁区是埋起来的，但态度却是开放的，你毫无防备左右冲撞，很容易踩着雷了。

再一个是切勿交浅言深。这世界林子大了什么鸟都有，知心朋友间倒可以无话不谈，如果是半生不熟聊起来毫无底线，被对方套了话，你就成了人家手里的刀。

然后是讲话要注意节奏。这里只给一句话建议：发表看法等三秒，话到嘴边留半句。

如果到了需要你发表看法或表达意见的场合，不要迫不及待地将自己的想法一股脑全盘托出，可以稍等几秒，一边用来考虑说话内容是否严密合理，一边用来观望一下有没有和你持相同意见的人率先站出来。前者可以让你不鸣则已，一鸣惊人，话语更具分量和质量；后者可以让你小心驶得万年船，避免枪打出头鸟，成为替罪羊。

再有一点就是话到嘴边留半句，细心观察生活你就会发现，很多矛盾与大坑往往都是因为你多说了一句话造成的。这些话在你看来无伤大雅，但说者无心，听者有意，既然可说可不说，那就甭抖机灵，浪费脑细胞不说，还伤人伤感情。

3．交谈时考虑对方感受与心理

现今的年轻人都标榜张扬个性，然而一味追求自己的交流快感与表达欲的满足，不考虑对方感受的话，不仅会使你的双向传播变成单向的自说自话，更会使你的沟通效果大打折扣，成为别人口中的幼稚娃娃。

这里建议大家：

（1）说话别太直，玩笑别太过。

（2）尽量不去非议对方所看重或喜欢的人或事，男友也好，目标也罢。

（3）多夸别人，少损别人。这里多说一句，千万不要信奉什么"我向来就是这样真性情"的做人原则，忠言也可以不逆耳，人也是真的爱拣好话听。很多时候，我们误把习惯当个性，常用真性情掩盖发神经。

（二）关于交往态度

1．勇于拒绝

不得不承认，越长大，人就会有越多的"身不由己"。然而，面对形形色色的交往对象与交往诉求，你如果善于分清主次轻重，勇于说不，真的是完全好过你扮演烂好人的角色，照单全收。

一个人的精力是有限的，时间更是宝贵的，与此相对应，旁人对你的期待与需求却是无限的，把事情与情绪推诿给你的理由更是无穷的。面对如此供不应求的紧张局面，建议大家做好权衡：如果面对一件事，一项任务，在你责任与义务之内，该你做的你就做，丝毫不要推脱；不该你做的就不做，不管对方运用何种情绪宣泄与道德压迫。如果是面对责任归属价值评判，大家的态度也应该是：是我的错就是我的错，不是我的错，您也甭想往我头上栽。

不卑不亢是最应该首先确立起的人际交往的正确态

度，这也是一个大前提。

2．放低期望值

我们确实越来越把人际关系这一问题目的化与功利化了。很多时候，我们把它当成一种工具，一种获取精神或物质利益的途径。然而，物极必反，退一万步讲，即便你心里真的这么想，你也别这么做。对人际交往抱的期望值越高，你的期望反而越难实现。

有人问我聚会时大家喜欢什么样的角色，我觉得，最受欢迎的反而是观众、听众和路人甲，别人是否喜欢你，不看你是否言语精深，反而看你会不会说话。

所以，建议大家：吃饭就是吃饭，聊闲天就是聊闲天，教育都讲究寓教于乐呢，干吗死板着面孔，反复琢磨哪些有利于自己的目标达成，哪些能满足你的一己私欲，这只会让别人觉得你功利心太强，通俗点讲："这个人，没趣。"

3．尊重对方，也尊重自己

尊重对方包括两个方面：

一是尊重对方的习惯。每个人的生活方式与喜好不同，生活习惯也就不同。所以，请注意，在与对方打交道时请务必秉承尊重对方习惯的态度。对方如果不吸烟，交谈时麻烦你也把烟头掐掉，并清理好身上的味道；对方如果讲究餐桌礼仪，就麻烦你把平日里养成的敲碗、拿筷子叉饭、吃东西吧嗒嘴的习惯戒掉。

二是尊重对方的情感。每个人的成长环境、受教育状况、生活氛围不同，心理与情感的诉求也就不一样。所以，请注意，在与对方打交道时请务必秉承尊重对方情感的态度。如果对方正与你聊些知心话，就别再插科打诨、嘻嘻哈哈，如果听到对方在说一些不幸遭遇，心里再怎么窃喜也请凝视对方双眼，时时点头示意。

最后一点需要大家确立的态度只有五个字：尊重你自己。我发现，爱说话的人确实是越来越多了，但受欢迎的人真是越来越少。充分地交流可以换来别人对你的懂，但未必能让人对你保持尊重。获得他人尊重的前提就是，你首先要学会自重。举止轻浮，笑脸逢迎，一旦观点相悖便立马转向，这都不该是你的处世原则。

如果对方并没有拿出足够的善意与诚意，而是对你的态度戏谑加嘲讽，对你珍视的人与事颇有微词，甚至拐弯抹角地问候你的家人，你既不要忍气吞声，也不要反唇相讯，你只需要用你的行为传达出这样的信息：你踏入我的领地了，我这次可以不计较，但别指望我下次尊重你。

（三）关于交往行为

1．切忌自来熟

人们常说中国就是个熟人社会，但要注意，建立良性的社交关系千万不能急，彼此的充分了解与感情建立绝非一朝一夕之功。

如今大家都在恶补所谓的成功学与人际交往艺术，天上掉下块石头都能砸死9个会说话的，还有一个在张着嘴。这时，对方在交往中与你亲密热络，仿佛无话不谈，但你千万别5分钟内就把对方当知己，将公的、私的、能说的、不能讲的统统揭底。

自来熟会带来两大弊端：一个是轻浮的表现会让对方觉得你心飘人浅，面上不说什么，心里早就对你不敢恭维；再一个是它让你卸下一切防备，主动地暴露出所有的恶习与缺点，拍马屁都能拍马蹄子上，做事不当心更容易让你马失前蹄，防不胜防。

2．千万不要管别人的家务事

无论对方怎么恳求你的赞同或认可，也别在关于对方家务事方面发表意见太多；无论给了你多少关于"尽管说，尽管做，说错做错都没关系"的承诺，也别当对方生活方面的管家，动不动就妄想通过一己之力将对方全家的矛盾调和。

万家灯火，冷暖自知，人人手里都抱着一本难念的经，他对你倾诉，找你倒苦水，仅仅是为了博得你的同情与倾听。你可以适当地给他一些安慰与建议，但话别说满，招也别乱支。结局如果是皆大欢喜那自然好，但凡因为你的一句两句让对方乱上加乱，最终即便你强调一家之言仅供参考，对方也会认为你在煽风点火。家务事不同于别的事情，谁也说不清，你更无法轻易帮人家摆平。

3．尽量少给别人添麻烦

在与人交往的过程中，很多人都绕不开一个普遍的课题：请人帮忙。但要注意，在你向对方提出任何请求之前，别急着伸手，先掂量一下你与对方的关系紧密程度。不同关系不同对待，千万别做出超出你们关系的事。

　　人情不怕欠，但要记得还，如果非要用人情，最大的宗旨就是：尽量少给对方添麻烦。生活中见到过许多"不会求助"的人，往往把自己当成发号施令的皇帝，最要命的是，在求人帮忙时不给对方提供充足的信息。

　　如果一件事情满分是10分，而你只能做到5分，那就劳驾你把能做的5分好好完成，剩下的5分再去求人帮你，你千万别把担子撂下，让对方把所有问题都自己扛。

　　现实生活纷繁复杂，谁都有求人帮忙的时候，但要想"保持原有关系，帮忙不伤感情"的话，就需要你先掂量一下彼此关系的牢固程度，然后拿出足够的诚意求助，同时也让对方看到你已经做出的努力。

第二节
多沟通，多理解，与自己握手言和

一

有一次和本科时认识的同学吃饭，席间我问他："工作之后，让你受触动最大的一件事是什么？"

他想了想，给我讲了一个不咸不淡的故事。

那是他刚进单位半年多的时候，基本业务操作也都熟了，表现得也不错，被挂了个副组长的衔，权力范围很小，但也能带几个实习生或新人什么的。

那时有一个去他们单位实习的年轻人，跟他同龄，普普通通的一个小伙子。可能是第一印象没留好，也可能这世上真存在着不是冤家不聚头的关系吧，我这个朋友怎么看他怎么不顺眼，莫名地感觉他烦人。而且，当他先入为主地戴上有色眼镜去看这个实习生以后，越看越不顺，也越来越发现：实习生说的好多话，那么不中听；做的好多事，实在不漂亮。

有一个星期，他们单位要赶一项急活，时间紧任务重，有一部分任务就单独划分给了他和他带的那个实习生，要求他们通宵达旦地合作完成。

这可苦了我的那位朋友，要是男女搭配，还能干活不累，工作本来就够枯燥的了，摊上的搭档还是个自己看不上的主儿。没想到一星期过后，不仅任务完成，两人的关系也峰回路转，好得跟一个人似的。

原来在这一星期内，庞大的任务量把两个人从时间和空间上牢牢地绑在了一块，朝夕相处，沟通交流的机会遍地都是。而且两人生活节奏一致，吃饭也都是同一个时间，就经常忙完了没事出去聚餐，累了再喝点儿小酒。这么充分地你来我往熟络起来之后，那个实习生对朋友可真是打开了话匣子，家庭背景、成长经历、生活态度、价值取向等都和盘托出，朋友突然有一种"啊，原来是这样"的感觉，不仅完全理解了实习生说过的话和做过的事，还觉得他是个可交之人。两人在之后的前进路上拉起了友谊的小手，一块儿披荆斩棘。

朋友最后总结说："这就是对我触动最大的一件事了。"

我说："你可能误解了'触动'的含义，我不是要这种像流水账一样的故事，这里面也没蕴藏什么意义。"

他说："不，我只是从这件事明白了：千万别试图一眼去看透一个人，更不要随便对身边的人下定义。很多时候我们自以为了解对方，其实不过是因为沟通不足了解不够，我们能看到的，仅仅是他们有限的表达能力所能勾勒出的冰山一角。人与人之间，充分地交流与真正地理解真的是太重要了。"

二

日本作家井上靖写的《冰壁》，作为报纸连载小说曾在其国内获得过极高评价。这部小说中有一个片段很有意思——

美那子是一位年轻貌美的少妇，与担任会长的丈夫年龄相差悬殊。两人没有孩子，生活倒也自由自在。

一次，不知怎么的，美那子与她的朋友小坂发生了一夜情，这次意外，与其说是小坂诱迫，倒不如说是美那子主动挑逗的。

有了这次一夜情后，小坂认真起来，一门心思追求起美那子，可是美那子却觉得自己好像污秽不堪，打那之后便不想与小坂再见面了。

小坂很受伤，觉得美那子欺骗和背叛了他的感情，他找到美那子理论："那天晚上，是你亲口对我说你爱我的。"

没想到，美那子却说："那天晚上，我想，我是对你有爱情的，不过，别的时候……"

"你是想说，没有爱情？"

"是的。"

小坂怎么也想不通，曾经那么炽烈的爱情，怎么可能说消失就消失得干干净净呢。

而美那子也无法辩解，事实就是那样：那天夜里，她的心灵和肉体都对小坂非常渴求，爱他，是真的，后来，这份爱消散了，也是真的。

如果是男性读者，尤其是中国男性读者朋友读到这里，估计早已拍桌子摔手机了，从道德高地上嗖的甩出一句"贱货"，然后老死不相往来。即使是女性读者可能也会觉得美那子不太好：她怎么能这样啊……

我们先不做道德评判和是非评价，不妨提供另一个看待这件事情的视角，来自渡边淳一。他说："其实他们双方都没错，只是出发点和对'说谎'这事的看法不同。"

　　男人往往对于话语赋予现实的含义，认为话一旦说出口，即对它负有责任。在男人看来，所谓的说谎就是对说出的话随意变更，而不论这句话是不是忠实于自己，有利于自己，评判是否说谎的标准在对方手中。

　　与此相反，在女人看来，说谎与否完全依据是否忠实于自己，评判标准在自己，侧重自己的感受。所以，在美那子看来，她并没有说谎，因为不论是爱还是不爱，她都是忠实于自己的感受，忠实于自己内心的真实想法。

　　所以说，我们总是习惯用脑海里积攒的那点儿既有的概念去限定、评判周围的事物，这很容易搬起石头砸自己的脚。因为人的行为都是先发生，而道德观念与评判尺度，从时间上看是后补的，空间上看，不同环境下的评判尺度也不同。

三

　　还记得《小王子》中那朵花的故事吗？

　　娇艳的花儿爱上了小王子，但她所说的话却让心爱的人不舒服，甚至给小王子一种"我并不是很喜欢你"的感觉，直到小王子黯然离去，花儿才道出心声，也直到小王子走过万水千山，收获了更多的人性滋养以后，才对那朵花的苦衷有了新的理解。

有人说那花不是自己给自己找罪受吗？干吗不直接给小王子一个大大的拥抱，三百六十度热烈示爱呢？这就是典型的男性视角。你可知道，在爱情中，有多少玫瑰，正是用它那微不足道的刺抵御着整个世界。你可能由此又得出结论："哦，那她不是真的爱我，她更爱的是自己。"

但你能得出如此结论，不也就证明你也是更爱你自己吗？要不你还在乎这个？

小王子走了好远，想了好久才明白：原来爱不是简单地用耳朵听就能听准，用眼睛看就能看清的，而是要用心去感受。

很多事情都是这样，你暂时无法理解的东西，未必就是错的；你暂时看不透的人，也未必就是坏的。

毛姆在《月亮和六便士》中曾无意间发出过这样的感叹："那时我尚不明白人性是多么的悖谬，我还不知道真挚诚恳底下也许埋藏着矫揉造作，高风亮节的背后可能隐匿着卑鄙无耻，也不知道无赖恶棍心里或许存留着良善之意。"

如果我们在遇到任何自己看不惯的人和事，任何由对方发出而自己很是鄙夷的行为，听到任何不中听、不入耳的话，乃至任何让自己对这世界感到灰心的状况的时候，设身处地想一想，抑或把疑惑保留，再多读读书，再多走走路，多沉淀，多遇见，那么时过境迁，再回头来看这些东西，就会有一个更加冷静和客观的理解，而在此基础上，也能与这复杂世界达成前所未有的和谐。当我们知道自己不知道的事情多得是的时候,我们就不会总是伸手向外索取真善美,而是平和地向内求,与自己握手言和。